中华精神家园

建筑古蕴

古村佳境

人杰地灵的千年古村

肖东发 主编　王明哲 编著

中国出版集团

现代出版社

图书在版编目（CIP）数据

古村佳境：人杰地灵的千年古村 ／ 王明哲编著． — 北京：现代出版社，2014.7（2019.1重印）
ISBN 978-7-5143-2298-9

Ⅰ．①古… Ⅱ．①王… Ⅲ．①村落－介绍－中国
Ⅳ．①K928.5

中国版本图书馆CIP数据核字(2014)第163809号

古村佳境：人杰地灵的千年古村

主　　编：肖东发
作　　者：王明哲
责任编辑：王敬一
出版发行：现代出版社
通信地址：北京市定安门外安华里504号
邮政编码：100011
电　　话：010-64267325 64245264（传真）
网　　址：www.1980xd.com
电子邮箱：xiandai@cnpitc.com.cn
印　　刷：三河市华晨印务有限公司
开　　本：710mm×1000mm　1/16
印　　张：9.5
版　　次：2015年4月第1版　2021年3月第4次印刷
书　　号：ISBN 978-7-5143-2298-9
定　　价：29.80元

　　党的十八大报告指出："文化是民族的血脉，是人民的精神家园。全面建成小康社会，实现中华民族伟大复兴，必须推动社会主义文化大发展大繁荣，兴起社会主义文化建设新高潮，提高国家文化软实力，发挥文化引领风尚、教育人民、服务社会、推动发展的作用。"

　　我国经过改革开放的历程，推进了民族振兴、国家富强、人民幸福的中国梦，推进了伟大复兴的历史进程。文化是立国之根，实现中国梦也是我国文化实现伟大复兴的过程，并最终体现为文化的发展繁荣。习近平指出，博大精深的中国优秀传统文化是我们在世界文化激荡中站稳脚跟的根基。中华文化源远流长，积淀着中华民族最深层的精神追求，代表着中华民族独特的精神标识，为中华民族生生不息、发展壮大提供了丰厚滋养。我们要认识中华文化的独特创造、价值理念、鲜明特色，增强文化自信和价值自信。

　　如今，我们正处在改革开放攻坚和经济发展的转型时期，面对世界各国形形色色的文化现象，面对各种眼花缭乱的现代传媒，我们要坚持文化自信，古为今用、洋为中用、推陈出新，有鉴别地加以对待，有扬弃地予以继承，传承和升华中华优秀传统文化，发展中国特色社会主义文化，增强国家文化软实力。

　　浩浩历史长河，熊熊文明薪火，中华文化源远流长，滚滚黄河、滔滔长江，是最直接的源头，这两大文化浪涛经过千百年冲刷洗礼和不断交流、融合以及沉淀，最终形成了求同存异、兼收并蓄的辉煌灿烂的中华文明，也是世界上唯一绵延不绝而从没中断的古老文化，并始终充满了生机与活力。

　　中华文化曾是东方文化摇篮，也是推动世界文明不断前行的动力之一。早在500年前，中华文化的四大发明催生了欧洲文艺复兴运动和地理大发现。中国四大发明先后传到西方，对于促进西方工业社会的形成和发展，曾起到了重要作用。

中华文化的力量，已经深深熔铸到我们的生命力、创造力和凝聚力中，是我们民族的基因。中华民族的精神，也已深深植根于绵延数千年的优秀文化传统之中，是我们的精神家园。

总之，中华文化博大精深，是中国各族人民五千年来创造、传承下来的物质文明和精神文明的总和，其内容包罗万象，浩若星汉，具有很强的文化纵深，蕴含丰富宝藏。我们要实现中华文化伟大复兴，首先要站在传统文化前沿，薪火相传，一脉相承，弘扬和发展五千年来优秀的、光明的、先进的、科学的、文明的和自豪的文化现象，融合古今中外一切文化精华，构建具有中国特色的现代民族文化，向世界和未来展示中华民族的文化力量、文化价值、文化形态与文化风采。

为此，在有关专家指导下，我们收集整理了大量古今资料和最新研究成果，特别编撰了本套大型书系。主要包括独具特色的语言文字、浩如烟海的文化典籍、名扬世界的科技工艺、异彩纷呈的文学艺术、充满智慧的中国哲学、完备而深刻的伦理道德、古风古韵的建筑遗存、深具内涵的自然名胜、悠久传承的历史文明，还有各具特色又相互交融的地域文化和民族文化等，充分显示了中华民族的厚重文化底蕴和强大民族凝聚力，具有极强的系统性、广博性和规模性。

本套书系的特点是全景展现，纵横捭阖，内容采取讲故事的方式进行叙述，语言通俗，明白晓畅，图文并茂，形象直观，古风古韵，格调高雅，具有很强的可读性、欣赏性、知识性和延伸性，能够让广大读者全面接触和感受中国文化的丰富内涵，增强中华儿女民族自尊心和文化自豪感，并能很好继承和弘扬中国文化，创造未来中国特色的先进民族文化。

2014年4月18日

北方农民宫殿——山西丁村

贵州民俗古村——屯堡文化村

广西楹联第一村——大芦村

古民居活化石——党家村

我国第一奇村——诸葛八卦村

婺源古村

江西省婺源地处赣东北，与皖南、浙西毗邻。婺源古村，是当今我国古建筑保存最多、最完好的地方之一。已被国内外誉为"中国最美丽的农村"。

古村以山、水、竹、石、树、木、桥、亭、涧、滩、岩洞、飞瀑、舟渡、古民居为组合的景观，有着世外桃源般的意境，犹如一幅韵味无穷的山水画。

徽商和官员在婺源大建房屋

　　在我国古代，有两大著名的商派，他们是晋商和徽商。其中，徽商是当时商界的佼佼者，自古就有"无徽不成商"之说。

　　然而，徽商中最厉害的商人却在古徽州六县之一的婺源地区。为此，在徽商里又有"无婺不成徽"之说。

寂静的胡同

■ 婺源老宅

不过，这出徽商的婺源地区最初的时候只是一个穷山沟，这里是：

　　　　八分半山一分田，半分水路和庄园。

也就是说，这里山多地少，人口多。所以当地的婺源流传着一句俗话：

　　　　前世不修，生在徽州，十三四岁往外一丢。

从这句俗话中，我们可以知道，当时婺源男子的命运是非常苦的。为了生活得更好，古代的婺源人只能出去经商。

据说，婺源古人很多都是做茶叶和木材生意的，

晋商 "晋"是山西的简称。晋商是"山西商人"的简称。通常意义的晋商指明清500年间的山西商人。晋商主要经营盐业、票号等商业，尤其以票号最为出名。历史上，晋商为我国留下了丰富的建筑遗产，著名的有乔家大院、常家庄园、曹家三多堂等。

宗祠 也称祠堂，是供奉祖先神主，进行祭祀的场所，被视为宗族的象征。宗庙制度产生于周代。上古时代，士大夫不敢建宗庙，宗庙为天子专有。后来宋代朱熹提倡建立家族祠堂。它是族权与神权交织的中心。

这些生意人慢慢形成了一个商派，就是"徽商"。

话说，这婺源的商人们在外地挣了钱以后，便回到自己的家乡修造氏族宗祠和家室府第。由于去外地经商的人越来越多，所以回到婺源修房子的人也就越来越多，如此一来，婺源一带的房子也就渐渐地多了起来。

另一方面，在婺源本地也有一些不愿意经商的穷人，他们为了出人头地，便努力读书，考取功名，如此一来，婺源后来便出了很多读书人。这些读书人有的一举成名，当上了地方官。之后，他们也回到家乡建起了官邸，光宗耀祖。

修建的房子多了，渐渐地，婺源一带便成了一个著名的乡村，后来又成了一个古老的县城。

婺源地区建立县制的时候，是在1200多年前，据史书记载，740年，为便于统治，唐玄宗李隆基决定

■ 婺源古建筑

设置婺源县，将安徽休宁县的回玉乡和江西乐平县的

怀金乡划归婺源县管辖，县城设在清华镇。

■ 婺源古建筑

到了901年，县城迁至弦高，即今日的紫阳镇。建县时，婺源隶属歙州管辖。

以后历经宋、元、明、清各代，尽管歙州的隶属有所变化，但是婺源隶属歙州的管辖一直没有变化。1121年，歙州改称徽州，因此，历史上的徽州一府六县就是这样形成的。

从婺源建县1200多年的历史来看，婺源地区归安徽管辖。也正是因为如此，婺源地区的古老村落至今仍完整地保持着徽派建筑的风貌。

这些古建筑群，是当今我国保存最多、最完好的古建筑之一。全县至今仍完好地保存着明清时代的古祠堂113座、古府第28栋、古民宅36幢和古桥187座。村庄一般都选择在前有流水、后靠青山的地方。

村前的小河、水口山、水口林和村后的后龙山上

婺源 位于江西省东北部，与安徽、浙江两省交界，素有"书乡""茶乡"之称，为古徽州的一部分。婺源是全国著名的文化与生态旅游县，被外界誉为"中国最美丽的农村""一颗镶嵌在赣、浙、皖三省交界处的绿色明珠"。

阴阳五行学说
是我国古代朴素
的唯物论和自发
的辩证法思想，
它认为世界是物
质的，物质世界
是在阴阳二气作
用的推动下滋
生、发展和变
化；并认为木、
火、土、金、水
五种最基本的物
质是构成世界不
可或缺的元素。
这五种物质相互
滋生、相互制
约，处于不断的
运动变化之中。

的林木，历来得到村民悉心保护，谁要是砍了山上的
一竹一木，就要受到公众的谴责和乡规民约的处罚。

古村落选址一般按照阴阳五行学说，周密地观察
自然和利用自然，以臻天时、地利、人和和诸吉兼
备，达到"天人合一"的境界。

村落一般依山傍水，住宅多面临街巷，粉墙黛
瓦，鳞次栉比，散落在山麓或丛林之间，浓绿与黑白
相映，形成特色。

同时有大量的文化建筑，如书院、楼阁、祠堂、
牌坊、古塔和园林杂陈其间，使得整个环境富有文化
气息和园林情趣。站在高处望村落，只见白墙青瓦，
层层叠叠，跌宕起伏，错落有致。

走进古村落，可以看到爬满青藤的粉墙，长着青
苔的黛瓦，飞檐斗角的精巧雕刻，剥落的雕梁画栋和
门楣。古村落的民居建筑群，户连户，屋连屋，鳞次
栉比，灰瓦叠叠，白墙片片，黑白相间，布局紧凑而

■ 婺源古村全貌

典雅。门前听流水，窗外闻鸟啼。

这些徽派建筑房屋多为1至3层穿斗式木构架，封火山墙，青瓦坡顶，清水砖墙或白粉墙。

房屋布局常为三开间，前后六井，格局严谨而又富有文化，善于结合自然环境组成和谐、有趣、统一的建筑空间。

在民居的外部造型上，层层跌落的马头墙高出屋脊，有的中间高两头低，微见屋脊坡顶，半掩半映，半藏半露，黑白分明；有的上端人字形斜下，两端跌落数阶，檐角青瓦起垫飞翘。

在蔚蓝的天际间，勾勒出民居墙头与天空的轮廓线，增加了空间的层次和韵律美，体现了天人之间的和谐。

这些民宅多为楼房，以"四水归堂"的开井院落为单元，少则两三个，多则十几个、二十几个，最多达三十六个。

■ 马头墙 又称封火墙、防火墙等。我国古建筑中屋面以中间横向正脊为界分前后两面坡，左右两面山墙或与屋面平齐，或高出屋面，使用马头墙时，两侧山墙高出屋面，并循屋顶坡度跌落呈水平阶梯形，而不像一般所见的山墙，上面是等腰三角形，下面是长方形。因形状酷似马头，故称"马头墙"。

中国最美农村

婺源古村

门罩 其实指的就是较为简单的门楼，只不过在结构和造型上显得较为简洁一些。门罩通常只是在门头墙上用青砖垒砌出不同的形状，在顶部砌出仿木结构的屋檐，并镶刻砖雕作为装饰。门罩上常置屋檐，檐下有瓦，可以遮挡风雨，保护檐下构件和门头上方的墙面。

随着时间推移和人口增长，单元还可以不断增添、扩展和完善，符合徽人崇尚几代同堂、几房同堂的习俗。民居前后或侧旁，设有庭院和小花园，置石桌石凳，掘水井鱼池，植花卉果木，甚至叠果木、叠假山、造流泉、饰漏窗，人工和自然谐和一体。

在内部装饰上力求精美，梁栋檩板无不描金绘彩，尤其是充分运用木、砖、石雕艺术，在斗拱飞檐、窗棂槅扇、门罩屋翎、花门栏杆、神位龛座，精雕细刻。

内容有日月云涛、山水楼台等景物，花草虫鱼、飞禽走兽等画面，传说故事、神话历史等戏文，还有耕织渔樵、仕学孝悌等民情。

题材广泛，内容丰富，雕刻精美，活生生一部明清风情长卷，赋予原本呆滞、单调的静体以生命，使之跃跃欲动，栩栩如生。

此外，村内还保存众多的明清祠堂、牌坊，建筑风格也颇具特色，与明清民居称为"古建三绝"。

■ 婺源古村内砖雕

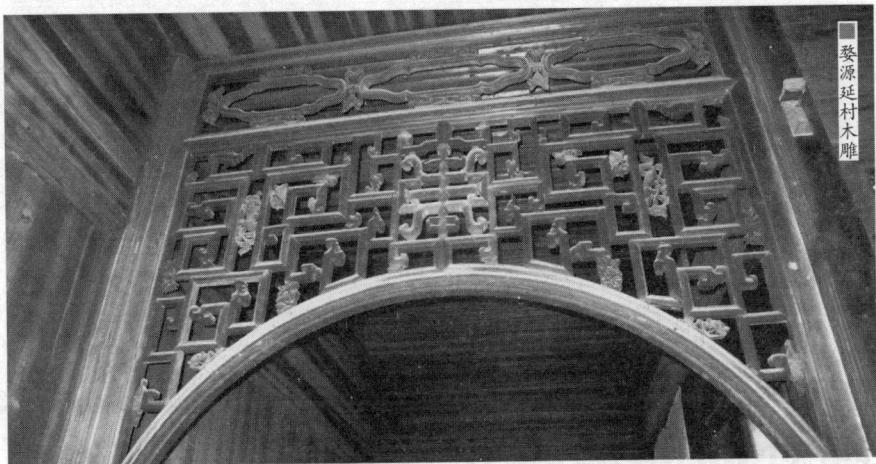
婺源延村木雕

　　矗立于县城的许国石坊、北岸吴氏祠堂的石雕《百鹿图》和《西湖风景》，大阜潘氏祠堂的"五凤楼"砖雕和《百马图》木雕，分别体现了徽派"三雕"艺术的最高水平。

　　古村内明代建筑的风格疏朗高雅；清代建筑多纤巧精致。这些数百年前的古建筑是我国古代人民劳动和智慧的结晶，是不朽的艺术杰作，几经沧桑，得以留存至今，成为古建筑艺术不可多得的瑰宝。

阅读链接

　　关于婺源县名称的解释，众家说法不一。婺字的意义，《辞海》是这样说的：一、古星名，即"女宿"，旧时用作对妇人的颂词，如婺焕中天；二、水名，为对金华一江的别称。

　　《现代汉语词典》是这样说的：一、婺江，水名，在江西；二、指旧婺州，在浙江金华一带。

　　对婺源的解释，归纳各派说法，大致可以分为三种：一是以"婺水绕城三面"，所以叫这个名；二是"旧以县本休宁地，曾属婺州，取上应婺女之说"，所以叫婺源；三是"以县东大镛水流入婺州"，所以叫婺源。

纯朴的明清古建筑遍布各村落

　　婺源是一个山明水秀的地方。它位于江西省东北部，与安徽、浙江两省交界，刚巧处于黄山、庐山、三清山和景德镇金三角区域。

　　作为一个历史悠久的古县，婺源自唐代建县以来，文风昌盛，先后养育了南宋理学大师朱熹、清代经学家江永、近代铁路工程大师詹天佑等一代名流。从宋到清，全县考取进士550人，明清朝竟有"一门九进士，六部四尚书"之说。

　　这里民风纯朴，文风鼎

■朱熹（1130—1200），字元晦、一字仲晦，号晦庵、晦翁、考亭先生、云谷老人、沧州病叟、遯翁。祖籍南宋江南东路徽州府婺源县，出生于南剑州尤溪。19岁进士及第，曾任荆湖南路安抚使。南宋著名的理学家、思想家、哲学家、教育家、诗人、闽学派的代表人物，世称朱子，是孔子、孟子以来最杰出的弘扬儒学的大师。

■ 婺源江湾村牌坊

盛，名胜古迹遍布全县。有保持完美的明清古建筑，有田园牧歌式的氛围和景色。整个儿就是一幅未干的水粉画，又有莫奈的印象派的影子，处处都散落着可以谋杀胶卷的美，被人称为"中国最美丽的农村"。

这里现存的江湾、汪口、延村和思溪、李坑等古村落，比较集中地体现了明清时期的徽州建筑风格。

其中，江湾是婺源地区的东大门，也是婺源通往皖、浙、赣三省水陆交通的要道。有一水湾，环村而过，村名云湾。后因这里江姓繁盛，于是改名江湾。

江湾村从北方后龙后山到南西梨园河边，明晰地分成三个区域：山脚下保留着部分寨墙的区域称"古江湾"，明清商业街叫"老江湾"，临近河边是"新江湾"。

江湾村不仅风光旖旎，且物产非常丰富，"江湾雪梨"久负盛名，是婺源"红绿黑白"四"色"中的一色。

尚书 古代官名。战国时亦作"掌书"，齐、秦均置。秦属少府，为低级官员，在皇宫的主要职责为发布文书。秦及汉初与尚冠、尚衣、尚食、尚浴和尚席，称为"六尚"。武帝时，选拔尚书、中书、侍中组成"中朝"或称"内朝"，成为实际上的中央决策机关，因系近臣，地位渐高。和御史、史书令史等都是由太史选拔。

中国最美农村

婺源古村

■ 婺源古村内河道

所谓"四色"是指：红鱼、绿茶、龙尾砚、白梨。为此，江湾村由江西省人民政府命名为"历史文化名村"。

婺源的汪口村是个商埠名村。古建筑保存至今的有：俞氏宗祠、养源书屋以及民居、商铺等260多幢。

其中，明代建筑10多幢，清代建筑250多幢。历史上这里有进士14人，任七品以上官员74人，村人共著有著作达27部。

汪口，古称"永川"，处于山水环抱之间。村落背靠的后龙山，呈五级升高的台地。江湾水汇入段莘水库以后，在村南侧由东向西流过，明净如练的河水因村对岸的向山阻挡出现U形弯曲，形成村前一条"腰带水"。

古时此地是徽州、饶州间的陆路要冲，也是婺源水路货运去乐平、鄱阳湖、九江的起点码头。

汪口是俞姓聚族而居的古村落，人烟稠密，商贾云集，是一个商业贸易集镇。

据清光绪年间书籍《婺源县志》中记载，当时，"船行止此"。再上溯，到北边的段莘、东边的江湾、大畈，只通竹筏。上游的木材，编排流放，到这里须解组重编，成为大排，继续漂流出去。从婺源到屯溪的古道，也要在此过渡。

光绪年间 光绪是清朝的第十一位皇帝爱新觉罗·载湉的年号，光绪年间指的是1875至1908年。光绪是道光帝的第七子醇亲王奕譞的儿子，慈禧太后外甥。同治皇帝病死后继位。为清入关第九帝，在位34年，病死，葬于崇陵。著于光绪年间的《婺源县志》至今已有100多年的历史了。

汪口是一个重要的水陆码头。河中横卧了200多年的"江永堨"完好如初，它就是一座水坝，坝体提高了水位，东端连接河岸。

村东"俞氏宗祠"，是婺源现存宗祠中最完整、华丽的一处，与黄村的"百柱厅"齐名。由大门、享堂、后寝组成，形制虽不甚特别，但享堂前与左右侧廊交接的阴角上，向院子挑出一个高翘的翼角，角梁下悬一个垂花柱，构架雕刻得很华丽。

俞氏宗祠总进深44米，大门处面阔15米，后寝处16米。这种做法出于堪舆要求，前小后大，形如口袋，利于聚财。反之，假如前大后小，形如簸箕，在建筑风水角度上说，就是散财的了，不吉利。

俞氏宗祠大门五开间，中央三间高超民，歇山顶三楼牌楼式，谓之"五凤楼"。明间最高，用网状斗拱，次间用斜向的五跳插拱密密层层叠压。稍间向前突出，作青砖八字影壁。前檐柱之间设签子门。

雕刻 对雕、刻、塑三种创制方法的总称。指用各种可塑、可雕、可刻的硬质材料创造出具有一定空间的具有可视、可触的艺术形象，借以反映社会生活、表达艺术家的审美感受、审美情感和审美理想的艺术。历史悠久、技艺精湛的各种雕塑工艺，如牙雕、玉雕、木雕、石雕、泥雕、面雕、竹刻、骨刻、刻砚等，是我国工艺美术中一项珍贵的艺术遗产。

■ 俞氏宗祠

■ 古村的房屋雕梁

古村佳境

人杰地灵的千年古村

享堂 指供奉祖宗牌位或神鬼偶像的地方。它不同于祭堂，祭堂有的直接设在家里，供着死者的牌位。享堂是人死后因为迷信等不能下葬，暂时或永久安放棺材用的房子。一般有两类：有些安放一定时间后再下葬，有些永远放在享堂不能下葬。

木排 指放在江河里的成排地结起来的木材。在我国古代，为了从林场外运输的方便，有水道的地方常把木材结成木排，使木材顺流而下。早在春秋时代，我国就有利用木排运送竹或木材等的记载。

大门的背面与前面基本相同，明间上方匾"生聚教训"。骑门梁中间开光盒子里以及明间、次间所有花枋，满雕人物故事、园林场景和各种吉祥纹样。

两廊各3间，前檐有过海梁。其他枋雕场景生动，构图宏伟。享堂主梁是一棵罕见巨大的银杏树，整个祠堂所用木材大多是樟木。

这里安静清洁，不积灰尘，连鸟儿也不来搭巢。据说是由于根据建筑物所处地理位置，对建筑结构精心设计，在祠堂某些空间形成特殊的空气旋流，加之樟木具有樟脑气味，才形成如此优异的清洁环境。

婺源境内的延村和思溪村，民居以优雅的儒商村落景观为特色。出婺源县城北便是延村。

延村，原名"延川"，明初起改叫延村。位于山谷平川里。南北两面不远就是山，山在村东互相逼近，挤成斜向东北的峡谷。村西是一片水田，一直铺开到里把路外的思溪村，再向西延伸。

一条溪水经思溪而来，贴村子南缘向东北冲进峡谷，水流湍急，翻着白花。据说从前一列列的木排就是顺着这条思溪水，漂向思口，漂向县城，下鄱阳湖，运达长江。

延村是茶商名村，婺源古属徽州，而延村、思溪的商人，就是当年"徽商"中的主力商贩。

往延村西边走一里多路就是思溪。延村在溪水北岸，思溪在南岸，同样是"腰带水"地形。

思溪村始建于1199年，先祖由长田村迁来。多俞姓，俞音谐鱼，鱼思溪水，故名思溪。

整个村子设计成了船形。村口有一座风雨桥。进村必须过桥。桥名"通济"，一墩两跨，桥上建有廊亭，八开间。桥面两侧有靠凳栏杆，是全村唯一公共交谊中心，也是一个商业点。

延村和思溪的民居规模庞大，造型考究。木质的二层品架，外围以高耸的出山马头封火墙。住宅紧挨着住宅，封火山墙也是宅第之间的界线。表条石门框门楣，水磨青砖雕琢镶嵌装饰的门楼。

堂屋有三间式、四合式、大厅式、穿堂式，均以"天井"采光和导引雨水。大户豪宅楼上楼下有房多达 20余间，天井也有多个。

村中所有街巷，都是青石板铺墁。即使雨雪满天，在此串门入户，从村头到村尾，衣裳可以不湿。

内部的梁枋、斗拱、门楣、窗棂、雀替、护净之上，皆刻成雕满吉祥寓意的纹饰，表达主人良好的愿望和期许。

思溪延村的古建筑有一种集体的

■ 思溪延村的牌坊

李坑村的河道

光禄大夫 古代官名。大夫为皇帝近臣，分中大夫、太中大夫和谏大夫，无固定人数和职务，依皇帝诏命行事。汉武帝时改中大夫为光禄大夫，为掌议论之官，大夫中以光禄大夫最显著。西汉后期，九卿等高官多由光禄大夫升迁上来。隋炀帝以九大夫和"八尉"构成本阶，九大夫便包括光禄大夫。

美。2003年，延村由江西省人民政府命名为"历史文化名村"。

婺源的李坑村位于县城东北，属秋口镇。此村于1011年，李唐皇室后裔始建。《家谱》载：

> 始迁祖洞公，字文瀚，名祁徽。生宋太祖开宝元年戊辰正月初七辰时。祥孚庚戌自祁浮溪新田迁婺东塔子山。辛亥迁于理源双峰下，改理源为理田。有记于盘谷道院。构书屋课子。

由此可见李氏聚居于此将近千年。一个小小的村落，宋代以后，竟出了12名进士，可谓文风鼎盛。

李仁，北宋天禧元年任征南先锋，以功封安南武毅大将军，加封光禄大夫。南宁乾道三年的武状元李

李坑村的牌坊

知诚，是位儒将，授忠翊，改武经郎，转军抚司事。

宋末，李苾，咸淳元年知临安府，为人忠直，不谄事贾似道，被黜，后任湖南镇抚使兼潭州知州，殉国后，赠端明殿水学士，谥忠节。李坑村有忠观阁，专为纪念他而建。

李坑村的主体位于一个东西狭长的山谷里。山谷东端是一个封闭的盆地，都是水田。两条小溪，都发源于盆地，一叫上边溪，一叫下边溪。上边溪流向正西，下边溪由南侧西流、转而偏西北。两溪在村中心汇合，汇合后继续西流。出村约百米，溪流折而向北去了。

风水学认为，"水向西流必富"。李坑的格局，很讲究风水。生于元末的李坑人李景溪，是著名的风水大师。他既然闻名全国，也就对家乡李坑的规划布局有所影响了。

李坑保存有明清建筑数十幢。四幢明代旧宅，都没有前院，附属建筑面积较小。做法和风格上的特点很显著，与延村、思溪的一样。

天井里有"冂"形且相当深的明沟，显见当年屋檐末置天沟。楼上和楼下高度相近，而不是上低下高，相差悬殊。厢房和正屋之间没有"退步"。隔扇朴素，隔心用横直棂子，没有雕饰。有的楼上的护净采用竹篾

李坑村的石桥

纺织成六角格眼。

李坑的明代建筑还有别于他处的特点：金砖铺地，即净不雕饰；木质柱础，而不用石础。其中，最富有情趣而明代的建筑特点却略显不足的是"鱼塘屋"。在东南角，是一座园林式的建筑物。3间正房，2层，尺度偏小，有前廊，但前檐柱间全作通间槛窗。

李坑村的门窗

窗外是一方水池，石砌，围以石栏。绕池有卵石拼花小径，径外花坛，花木扶疏，有一棵高高的紫荆树，显现这里的确年代久远了。

园子里南墙外正是上边溪向西北的偏转处，对岸山坡有茂林修竹。鱼塘屋原是过去一处读书的轩，即《家谱》中所载的"上边坞学堂屋"。

值得一提的是，婺源县城乡今天人们建造的公寓、酒楼和民舍，也按县政府要求，均为清一色的明清式建筑，与古代的建筑交相辉映。

阅读链接

婺源人说：婺源的古树无不具人文情怀。史载1176年，朱熹从福建返回祖籍婺源，曾入山扫墓，亲手栽杉24棵，当年县令派兵驻守，建"积庆亭"并立碑一方，上刻"枯枝败叶，不得到动"。文公山古杉经历800多年，尚存16棵，棵棵古木，直插云霄，郁郁葱葱，成为江南罕见的古杉群。

这里的大氾香榧树，传说是明代户部尚书游应乾还乡扫墓时，嘉靖皇帝赏赐的树苗，含有"流芳千古"之意。游应乾亲自栽在祖坟上，迄今已400多年。

安徽宏村

　　宏村，古代取"宏广发达"之意，称为宏村，位于安徽省黄山西南麓，距黟县县城11千米，是古黟桃花源里一座奇特的牛形古村落。

　　古村始建于1131年，距今有900多年的历史。最早称为"泓村"，清乾隆年间更名为宏村。

　　整个村落枕雷岗面南湖，山水明秀，享有"中国画里的乡村"之美称。

汪姓祖先为避难搬家宏村

我国三山五岳中三山之一的黄山，古称黟山，安徽的黟县因山而得名。黟县境内的群峰与黄山连为一体，在历史上曾因碍了古黟与外部交往，造就了黟县"世外桃源"般的生态环境。

在黟山脚下，也就是黟县的西北角，有一座像一只昂首奋蹄的大水牛，被誉为"建筑史上一大奇观"的古老村落宏村。

宏村又名泓村，始建于北宋年间，距今已有近千年的历史。关于此座村庄的建立，那还要从1131年说起。

当时，黟县一个名叫汪彦济的人，家里遭遇了一场火灾。大火烧毁了汪家许多房屋财产，汪彦济无奈之下，举家从黟县奇墅村沿溪河而上，在雷岗

■村里的牌坊楼

■ 宁静的古村

安徽宏村

山下怡溪河边，围着一眼天然泉水，建造了13间房屋。这便是宏村的原始雏形。汪彦济还在村口兴建睢阳亭，作为入村标志性建筑。

随着封建经济的发展，文化的繁荣，作为程朱理学发祥地的徽州也达到了极盛时期。汪姓祖先在外做官、营商的人数逐渐增加，他们积累了大量的资金财富，为光宗耀祖，纷纷在家乡购田置屋，修桥铺路，形成了1401年和1796年在宏村建设房屋的两次高潮。

1403年至1424年，汪姓家族汪思齐、汪升平父子，请风水先生何可达"遍阅山川，详审脉络"，引西溪水入村，开凿百丈水圳，扩建了约1000平方米的月沼。此后100多年，宏村人口繁衍，建筑密集。

宏村的水圳又称作牛肠水道，它是利用牛的生物机理来布置的水系。南湖只是牛的双胃中的一个，还有一个是位于宏村中央的月沼。连接两池的是遍布全

三山五岳 分别指我国的几座名山。现今一般认为三山是安徽黄山、江西庐山、浙江雁荡山，五岳则是位于山东的东岳泰山、湖南的南岳衡山、陕西的西岳华山、山西的北岳恒山和河南的中岳嵩山。这里的三山又指传说中的蓬莱、瀛洲和方丈三山。

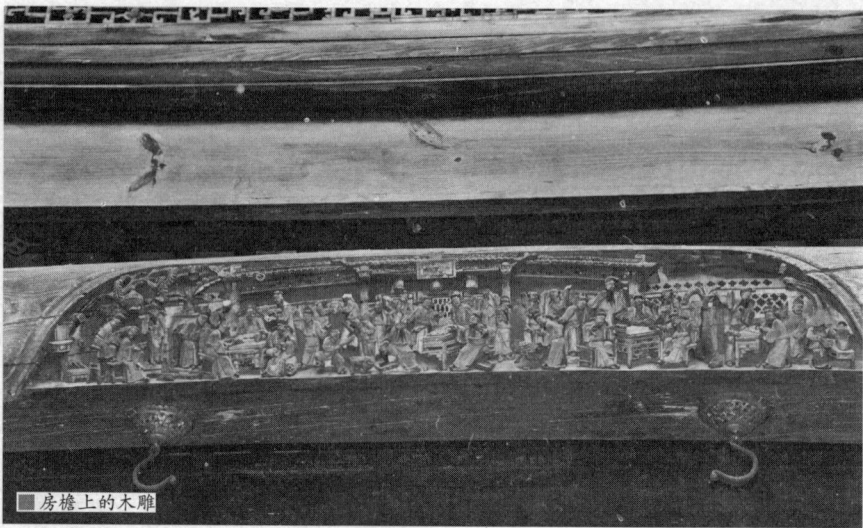
■房檐上的木雕

村的水圳，人们又把水圳称为牛肠。

这牛肠九曲十弯，全长400余米，宏村的房屋全都围绕牛胃和牛肠来建造。村中路路有渠，家家有水，营造了良好的生活环境。

宏村人的祖先很会利用自然溪水来做文章，他们在宏村的上首沼溪河上拦河建石坝，用石块砌成数米宽的人工水渠，利用地势落差，把一泓碧水引入村中。

水圳九曲十弯，穿堂过屋，经月沼，最后注入南湖，出南湖，灌农田，浇果木，重新流入濉溪，滋润得满村清凉，使静谧的山村有了动感，创造了一种良好的环境。

更为奇妙的是，这牛肠的水位，不论晴天还是下雨，总是保持在一定的高度，即水位总是低于小桥以下一点，不多不少，十分奇特。

宏村内现存的月沼呈半月形，是在村中央原有的一眼天然泉窟上扩掘而成，也称为牛胃。这里是全村的核心地带，身份重要的人物才有资格住在附近。

月沼又称月塘，老百姓称作牛小肚。月沼建成后，其后裔汪升平等人投资万余金，继续挖掘修建半月形池塘，完成了前人未完成的月沼。实际上，月塘四围成了人们的共享空间，展示风俗民情的露天舞台，村民自发地聚会其间。

1607年，汪氏大小族长集资，购秧田数百亩，凿深、掘通村南大小洞、泉、窟、滩田呈环状池塘，形成南湖。至此形成全村完整的水利系统。

1814年秋，浙江钱塘名士吴锡麟游南湖后，撰文述道：宏村南湖游迹之盛堪比浙江西湖，因而南湖又有黄山脚下小西湖之称。

1425年至1596年的170余年间，宏村以东土道制、南土水制、北土土制和西土佛制为水口布局。东方建筑龙排庙；南方引水至红杨树、白果树；北方至雷阜榛子林；西方建造观音亭等作为风水屏障。

这样就营建了乐叙堂、太子庙、正义堂等祠堂、庙宇，至此，宏村逐渐形成了以血缘和地缘关系聚合的同宗同姓的民居集落。

族长 亦称"宗长"，指一个宗族中行辈、地位最尊的人。是封建社会中家族的首领。通常由家族内辈分最高、年龄最大且有权势的人担任。族长总管全族事务，是族人共同行为规范、宗规族约的主持人和监督人。

■ 宏村内的乐叙堂

1662年至1911年，宏村南湖书院、树人堂、乐贤堂、承志堂等大型书院和宅第相继修建，到明万历年间，村内建筑达到150余间。

但是，至此宏村的水系建设还没有完成，1607年，又在宏村族人汪奎元主持倡议之下，汪氏大小族长集资，在村南征得秧田数百亩，凿深数丈，又开辟出一个1.8万多平方米的硕大南湖来。

人们把南湖和村中的月沼通过水圳连接相通，至此，在宏村的土地上，终于建成了一个完整的世所罕见的水系，宏村村落的牛状图腾便形成了。

古宏村人独出机杼，开"仿生学"之先河，规划并建造了堪称"中华一绝"的牛形村落和人工水系，整个村庄从高处看，宛若一头斜卧山前溪边的青牛。

这种别出心裁的村落水系设计，不仅为村民生产、生活用水和消防用水提供了方便，而且调节了气温和环境。古宏村人规划、建造的仿生学牛形村落和人工水系，是当今"建筑史上一大奇观"。

阅读链接

宏村还有另外一个名字，叫作"牛形村"。能把一个村庄设计成牛的形状，这位设计师可不简单，更何况，她还是一位女性。

在宏村祠堂里可以见到这位女设计师的画像，画像上的她温良贤淑，是当时一位官员的妻子。

据介绍，这位女性知书达礼，对风水学很有研究。当时，她请人设计这个水系，主要是用于村里消防，因为这里的建筑多为木石结构，很容易引起火灾。

著名的徽派古建筑及其特色

宏村始建于南宋，距今已近千年历史，为汪姓聚居之地，它背倚黄山余脉羊栈岭、雷岗山等，地势较高。特别是整个村子呈"牛"形结构布局，更是被誉为当今世界历史文化遗产的一大奇迹。

那巍峨苍翠的雷岗当为牛首，参天古木是牛角，由东而西错落有

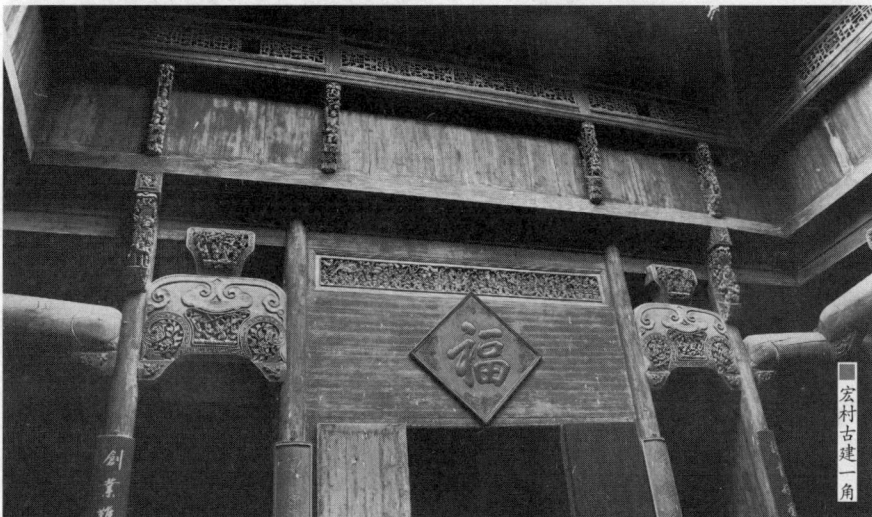

宏村古建一角

图腾 是原始人群体的亲属、祖先、保护神的标志和象征，是人类历史上最早的文化现象。社会生产力的低下和原始民族对自然的无知是图腾产生的基础。古人运用图腾解释神话、古典记载及民俗民风。图腾是原始人迷信某种动物或自然物同氏族有血缘关系，而用作本氏族徽号或标志。

■ 宏村内古老的建筑群

致的民居群宛如庞大的牛躯。以村西北一溪凿圳绕屋过户，九曲十弯的水渠，聚村中天然泉水汇合蓄成一口斗月形的池塘，形如牛肠和牛胃。水渠最后注入村南的湖泊，俗称牛肚。

接着，人们又在绕村溪河上先后架起了4座桥梁，作为牛腿。历经数年，一幅牛的图腾跃然而出，创造了一种良好环境。

在皖南众多风格独特的徽派民居村落中，宏村是最具代表性的。村中各户皆有水道相连，汩汩清泉潺潺从门前流过，层楼叠院与湖光山色交相辉映，处处是景，步步入画。

全村现完好保存着乐叙堂、承志堂、树人堂、乐贤堂、德义堂、敬德堂、桃园居、敬修堂和南湖书院等明清民居140余幢，此外，还有著名景点南湖、月沼、水圳、木坑、奇墅湖和红白古树等。

■ 宏村汪氏宗祠乐
叙堂

其中，乐叙堂又名众家厅，是宏村的汪氏宗祠，位于宏村中月塘北畔正中，与月塘同建于明永乐年间，历来是汪氏族人祭祖和庆典聚会的场所。

乐叙堂由门楼、大厅、祀堂3部分组成，后进正堂原有楼，大门砖雕贴墙牌坊雕饰得异常精美。

乐叙堂前进门楼基本保持原貌，梁架具有典型的明代风格，月梁、叉手、雀替、平盘斗等建筑构件雕刻精美，具有很高的艺术水准。乐叙堂与村内的月沼组成宏村八景之一。

古村内的承志堂是清末汪姓巨商汪定贵所建，该堂位于宏村的牛肠中段，建于1855年，承志堂顾名思义，意为缅怀祖宗、继承先志之意。

进入承志堂，目光所及，尽是木雕镂空门窗，图案层次分明，栩栩如生，让人叹为观止。

祭祖 是我国的传统风俗之一。我国人有慎终追远的传统，过节总不会忘记祭拜死去的先人。为此，祭祖时间一般在春节。除夕到来之前，家家户户都要把家谱、祖先像、牌位等供于家中上厅，安放供桌，摆好香炉、供品。由家长主祭，烧三炷香，叩拜后，祈求丰收，最后烧纸，俗称送钱粮。

■宏村承志堂

栏板 是建筑物
中起到围护作用
的一种构件，供
人在正常使用建
筑物时防止坠落
的防护措施，是
一种板状护栏设
施，封闭连续，
一般用在阳台或
屋面女儿墙部
位，高度一般在
1米左右。栏板
一般是用水泥、
大理石等材料铺
成，牢固性较
高，方便站立。

承志堂占地2000多平方米，有60多个房间，为砖木结构楼房。承志堂气势恢宏，工艺精细，其正厅横梁、斗拱、花门、窗棂上的木刻，层次繁复，人物众多，人不同面，面不同神，堪称徽派"三雕"艺术中的木雕精品。

树人堂由清敕授奉政大夫诰赠朝仪大夫汪星聚于1862年所建。

此堂也称民间艺术收藏馆，是房主汪升第九十五代孙汪森强的私人收藏馆。为弘扬徽州的历史文化，树人堂的主人多年来从民间及博物馆收集了明清时期老作坊机械、石质器具、徽州版画、民俗用品、徽商书信用具、宏村族谱等，再现了当年徽州社会生活的一些侧面。

树人堂全屋宅基呈六边形，取六合大顺之意。正厅偏厅背靠水圳，坐北朝南。天花彩绘，飞金重彩。

厅堂东边利用有限空地，建一小水塘，活水长流，外门为八字门楼内置悬坊栏板。

树人堂楼上收藏有宏村人经商的路线图，即徽商遗踪，体现当年商运老大桥码头繁忙景色的画，一封1919年黟县人在京做保险的书信，承志堂主人巨贾商人汪定贵的遗像、生平、家赞和讣文，当年的银票、书信，及以前出外经商时用的手提箱及鞋架和耙犁、锄头、蓑衣等一些农具。

明清时期，徽州的版画达到了鼎盛时期，徽州刻书遍布江浙和徽州。桌台上陈列有徽州版画的木雕板，上面雕刻有年画、广告画和水车的模型图。

套色水印和拱花印刷式在中华印刷史上有划时代的意义，现代革命家鲁迅先生为了抢救这一艺术，曾鼎力支持印制《十竹斋书画谱》。

明清民间时期老作坊机械藏品，还有当时官宦人家及富商家用的小型石磨，称之为虎头磨，织布机，制茶用的揉茶机，豆腐坊用的手

清晨宏村

推磨和腰磨，旧时家庭所用的器具，如打草鞋的木模子，以及烧水的铜壶、石具牛碾、花岗浴缸、青石鱼缸，以及揉茶的石板。

宏村保留的书面资料有族谱的祖传手抄本《祖宗家赞》《先贤大略》《摩萝别墅陈钞》《古宏村河道变迁》和《宏村水系民居平面图》等。

乐贤堂位于宏村正街，始建于1699年，占地400多平方米，建筑面积900多平方米，是宏村清初汪氏后裔所建的三大堂屋之一。

德义堂也是典型园中水、水中园的徽派庭院式民居，它建于1815年，系两楼三开间建筑，厅堂前有16扇半幢莲花门，室内和室外都有通道。

德义堂位于水圳大道边，大门并不显眼，普通的木雕莲花门，突出的是大理石门楣石刻。黄山著名书法家黄树先生的题词："德义堂"3个魏碑风格的大字非常显眼。

■宏村内祠堂

德义堂正厅坐南朝北，为二楼三间结构。该堂正屋东西两边分设有一明一暗两个花园，两个花园隔墙处有圆形漏窗，不但具有借景之作用，而且极富装饰之美。

墙上攀着一棵皖南猕猴桃藤，生机勃勃，满园都染上透绿的青春色彩。院东西两个花园，一明一隐，内植果木繁花，四时花卉各异，其景也不相同。

堂前庭院称水园，水园、水圳、方塘相通，鱼缸、水榭点缀

中国画里的乡村

安徽宏村

其中。园中流水、水中有园，游鱼戏水，粉墙青瓦，花窗点眼，此情此景使人们感受到步移景异，美不胜收。水榭内有桌椅，闲情雅趣俱佳，可在此招待宾客，德义堂是徽派私家园林的典型代表。

德义堂前庭院，开一鱼池，水塘有暗沟与水圳相通，水塘周围，设四季盆景，院内繁花疏木、绿荫丛丛，可称"露天花厅"。不难看出栖居者生活情思和审美情趣，表现出德义堂主人对理想生活环境的一种追求。

德义堂的庭院，因受建筑空间的限制，空间较小；但聪明的古人却设计出漏窗分隔法，使狭小的庭院分多个层次，不让人一览无余，同时在园中配上生动的题额，使庭院充溢着文化气息。

江南民居中的园林，从风格上可分为两种：一是商人追求的楼台亭榭，画梁雕栋，尽显富贵气派；二是官宦文人追求的环境的优雅，情调的创造。德义堂庭院园林无疑应该归属后者，文化氛围与风光特色更加突出。

门楼 是一户人家资富的象征，所谓"门第等次"即为此意，所以命名为"门楼"。它是一家一户的总甬道，又是主人的"门面"，直接反映主人的社会地位、职业和经济水平。名门豪宅的门楼建筑特别考究。门楼顶部结构和筑法类似房屋，门框和门扇装在中间，门扇外面置铁或铜质的门环。

■ 村外的拱月桥

敬德堂位于宏村牛肠水圳下游转弯处，建于清初顺治年间。

敬德堂整幢建筑装饰简朴，屋柱为方形，是宏村明末清初民居的代表作，可以了解普通商人的生活情况和徽州明、清建筑的格局。

厅堂背向排列，前厅和后厅均有天井，采光性能好，两侧为厢房，南侧为前院，北侧为厨房，厨房里还有一个小天井，东侧还有一座面西朝东的小偏厅和大花园。

敬德堂的"敬"与积累的"积"读音相近，反映堂屋主人希望自己的后人能积德行善。主人喜好种植花草盆景，在正屋前留有充裕的地方，并在院子左边放置一间木质小房，相当于温室，冬季时把盆景放在房内。

徽州人十分重视门楼的修建，有"千金门楼，

四两屋"之说，听起来有些夸张，但可以反映出门楼是身份地位的象征。

敬德堂门楼上雕刻的图案就有很多象征意义。楼角处有鳌鱼和龙头鱼尾，表示希望自己的子孙能独占鳌头。其中，鳌鱼的下方是梅兰竹菊四喜图，梅兰竹菊四君子代表着坚韧不拔的意志和高洁的品质。

门楼最下层左右两下角的吉祥水兽图，形为滚滚的波涛之中，两只鲫鱼在艰难地跃出水面，鲫鱼跳龙门，即希望能在官场上有一席之地。

屋内正厅东西两侧各有六扇莲花门，中间栏板上雕刻有蝙蝠，而且都是5只，称之为"五蝠奉寿，万福万行"之意。东西厢房是主人休息的卧房，厢房窗子上镂空雕刻铜钱图案，窗下栏板上雕刻的万字图案，意为多财多福。

敬德堂用天井通风采光，天井下方的左右两侧各有一根木头，在烈日炎炎的夏日，阳光直射在家中十分炎热，主人就在木条上穿上铁环，挂上布帘，挡住强烈的阳光。厅前有一副楹联：

立志不随流俗转；
留心学到古人难。

■ 宏村内的敬德堂

厢房 又称护龙，是指正房两旁的房屋，经常出现在三合院、四合院中，正房坐北朝南，厢房多为在东西两旁相对而立，我国传统文化中以左为尊，所以一般来说东厢房的等级要高于西厢房，而且在建筑上东西厢房高度也有所差别，东厢房略高于西厢房，但是差别很小，肉眼看不出来。

■ 宏村漂亮的马头墙

冬瓜梁 我国徽派古建筑以砖、木、石为原料，以木构架为主。梁架多用料硕大，且注重装饰。其横梁中部略微拱起，故民间俗称为"冬瓜梁"，两端雕出扁圆形或圆形花纹，中段常雕有多种图案，通体显得恢宏、华丽、壮美。立柱用料也颇粗大，上部精细。

古村内明朝房子式样、布局简单，支柱是正方形，清朝则为圆柱；一般房子都为两层，明朝房子上下两层的高度相当，而清朝的底层高大宽敞，大多采用形似冬瓜形的粗大梁。

明朝的房子装饰简单，清朝徽商到了鼎盛时期，特别注重雕梁画栋。徽派建筑把楼梯口和楼梯间隐藏在门的背后，起到了美观的作用。

楼梯间作为储藏室，充分利用了空间。楼梯的台阶一般有16台阶，商人注重聚财，按五行来设计，金木水火土，第一个台阶为金，而最后也为金，金碰金，意为财运广通。

桃园居建于1860年，因房东曾于院内植一稀有品种的桃树而得名。桃园居虽说规模不大，但门楼砖雕和室内木雕堪称精品。

门楼上的砖雕刻得精细，而且层次比较多，青狮、白象等动物形象生动，尤为独特的是门楼上部用水磨砖砌一弧形门额，类似室内厅堂上方前部的冬瓜梁，门额中间镶嵌一块大形弧形砖雕，这是一般古民居所少见的。

室内木雕花样繁多，技法多变，内容丰富，寓意深刻，其特点主要表现在大厅房门及窗户和书厅雕花门上。

桃园居大厅门、窗主图案为宝鼎、宝瓶，窗户开口为挂络式，两边窗户上方各有两个守窗童子，窗栏板上的4只喜鹊，6只麒麟犹如活的一般，寓为"四喜六顺"。

房门上部为藤结花，每扇门的花心板上的人物均为历史典故，其中东房门里扇花心板上为"羲之戏鹅"，其他典故有待考证，另外两厢的葡萄挂络，双

■宏村门楼上的砖雕

典故 原指旧制、旧例，也是汉代掌管礼乐制度等史实者的官名。后来一种常见的意义是指关于历史人物、典章制度等的故事或传说。典故这个名称，由来已久。最早可追溯到汉朝，《后汉书·东平宪王苍传》中记载："亲屈至尊，降礼下臣，每赐宴见，辄兴席改容，中宫亲拜，事过典故。"

古村佳境

人杰地灵的千年古村

■ 宏村内的敬修堂

石雕 造型艺术的一种。又称雕刻，是雕、刻、塑三种创制方法的总称。指用各种可塑材料，如石膏、树脂、黏土等，或可雕、可刻的硬质材料，如木材、石头、金属、玉块、玛瑙等，创造出具有一定空间的可视、可触的艺术形象。雕刻传统技艺始于汉，成熟于魏晋，盛于唐。

狮雀替均属珍品，挂络中的飞马寓飞黄腾达之意。

书房中的4扇雕花门，可以说是全村最为精美的雕花门。4扇门的上半部从上而下为"蝙蝠奉寿""八骏马"和"人间仙境"雕版，大片雕花为"松鼠葡萄"，4扇门的腰板上分别雕有"岳母刺字""王祥求鲤""季子挂剑"和"孔融让梨"4个历史典故，这4个典故又因此表现忠、孝、节、义4种意义。

值得一提的是，大厅和书房的雕花门上部精雕细刻，而下部除一简单线条外几乎为平板一块，这充分表现艺人的匠心，即繁简结合，精细共存。

另外，一般民居中的房门腰板和窗栏板的底部为平板一块，而桃园居房门腰板和窗栏板的底部却刻有十分细致的菊花图案。

敬修堂是宏村典型的清代民居，坐落在月沼北侧西首，始建于道光年间，距今已有180多年的历史。

敬修堂占地面积280多平方米，建筑面积450多平方米，屋基高出"月沼"近一米，整个房子坐北朝南，正厅前为庭院。与其他民居不同的是院门外留有十平方米的空地，俗称厅坦，是夏日纳凉、冬天晒太阳及小憩聚会之处。

进入庭院，只见粉墙左右回抄，庭院内靠墙石砌花坛，置石鱼池；院内西侧两株百年牡丹，每年花开季节百朵簇拥；院内许多建筑布局及雕刻寓意深远。

庭院地面有一块铺得四四方方的石板，四周砌得非常方整，前对一个"福"字，正中对着正厅大门，这是180多年前主人有意设计的，寓意四方是福，四方进财。

正厅的大门门罩上均镶有玉器花瓶、"松鹤同庆""福寿双全""麒麟送子"等石雕图案，飘逸淡雅，含义深刻。

麒麟 是我国古籍中记载的一种动物，与凤、龟、龙共称为"四灵"，据说是神的坐骑。我国古人把麒麟当作仁兽和瑞兽。雄性称麒，雌性称麟，是一种吉祥的神兽，主宰太平和长寿。因为有深厚的文化内涵，我国传统民俗礼仪中，被制成各种饰物和摆件用于佩戴和安置家中，有祈福和安佑的用意。

■ 宏村内清澈的环村湖

古村佳境

人杰地灵的千年古村

■ 敬修堂内的古老福字

八仙桌 指桌面四边长度相等的、桌面较宽的方桌，大方桌四边，每边可坐二人，四边围坐八人，犹如八仙，故民间雅称八仙桌。八仙桌结构简单，用料经济，一件家具仅三个部件：腿、边、牙板。桌子的名称在五代时方才产生。现在可考的八仙桌至少在辽金时代就已经出现，明清盛行。

正厅为前后二单元、三间二楼结构，厅内两侧莲花门雕饰端庄别致，左右对称，雕刻有"福在眼前""平安富贵""福寿双全""草龙托寿"等图案。

整个厅堂基本保持原貌，从八仙桌、八仙椅、茶几以及楹联、字画等摆设中可看出主人的文化素质和经济实力。厅堂摆设有花梨木古桌，坚硬沉重，乌黑明亮，造型独特，保存完好，实属民间罕见。

厅堂上方所挂的楹联：

事业从五伦做起；
文章本六经得来。

"五伦"即为君臣、父子、兄弟、夫妻、朋友5种人伦关系。而"六经"即为诗、书、礼、易、乐、春秋。传说千古一帝秦始皇当年焚书坑儒烧掉了乐经，到西汉以后重视以孝治天下，故把孝经也列入六经之内。

两侧挂楹联：

　　　　　淡泊明志；
　　　　　清白传家。

表达出主人淡于名和利，追求自己志向的心愿。

几百年来，徽商不仅经商挣钱，而且重视儒家思想，把读书和经商融为一体。整个厅堂处处雕有寓意深刻的吉祥图案，厅堂挂彩灯的灯钩木托上面镂空雕刻着双龙戏珠、福、禄、寿、喜等图案。

在宏村内，除了乐叙堂、承志堂、树人堂等古民居建筑之外，还有一所规模极大的私塾南湖书院。

此书院始建于明朝末年，位于南湖北畔，初建时

私塾 是我国古代社会一种开设于家庭、宗族或乡村内部的民间幼儿教育机构。它是我国古人私人所办的学校，以儒家思想为中心，它是私学的重要组成部分。清代地方儒学有名无实，青少年真正读书受教育的场所，除义学外，一般都在地方或私人所办的学塾里。

■ 亭台水榭的村楼

■ 南湖书院

古村佳境

人杰地灵的千年古村

假山 园林中以造景为目的，用土、石等材料构筑的山称为假山。我国在园林中造假山始于秦汉。秦汉时的假山从"筑土为山"到"构石为山"。由于魏晋南北朝山水诗和山水画对园林创作的影响，唐宋时园林中建造假山之风大盛，出现了专门堆筑假山的能工巧匠。

是六所私塾，称为"依湖六院"。清嘉庆年间，汪家人花了4年的时间，将六院合并重建为一所规模极大的私塾，取名"以文家塾"，又名"南湖书院"。

这是一座具有浓厚徽州建筑风格的古建筑，面积10余亩，外面与一湖碧水相邻，里面有玲珑的假山，场上有株百年圆柏松。书院由志道堂、文昌阁、启蒙阁、会文阁、望湖楼、祗园6部分组成。

志道堂是先生讲学之场所；文昌阁奉设孔子文位，供学生瞻仰膜拜；启蒙阁乃启蒙读书之处；会文阁供学子阅鉴四书五经；望湖楼为教学闲暇观景休息之地；祗园则为内苑。

书院前临一湖碧水，后依连栋楼舍，粉墙黛瓦、碧水蓝天、交相辉映。书院大厅巍峨壮观，门楼保存完好，原有"以文家塾"金色匾额，是清朝翰林院侍讲、大书法家梁同书93岁时所书。

西侧有望湖阁，卷棚式屋顶，楼窗面临南湖，上挂一匾——湖光山色。

距宏村近5千米处，位于深山之中，有一片茫茫竹海，名为木坑，也称木坑竹海。竹林深处有一片民居，建筑风格与一般的徽派民居截然不同。

除了这片竹海，宏村的奇墅湖和红白古树也非常有特色。

奇墅湖位于宏村东南，沿宏村东口土路而行，碧水蜿蜒于右，植被颜色纷呈，步行半小时后水面豁然开阔，这便是奇墅湖，现在是水库的一部分。

红白古树在宏村村口，一眼望去，可见到两棵有500多年树龄的古树。这两棵大树，一棵叫枫杨树，村民们叫红杨树；一棵叫银杏树，村民们叫白果树。

北侧的红杨树需四五个人才能合抱，树冠形状像

■安徽宏村美景

一把巨伞，把这村口田地笼罩在绿荫之中。

南侧的白果树形如利剑，直刺天空，因为银杏是世界上稀有的树种，而这棵银杏树距今又有500多年，所以宏村人把这棵银杏树称为"村口瑰宝"。

村前河上有石拱桥3座，桥身空透，桥栏低平，宛若彩虹落地，把宏村装扮得分外妖娆。我国科学院建筑设计家俞家怡的一首诗，描绘了宏村的秀丽景色：

青山绿水本无价，谁引碧渠到百家？

洗出粉墙片片清，映红南湖六月花。

另外，在宏村周围还有闻名遐迩的雉山木雕楼、塔川秋色、万村明祠"爱敬堂"等景观，这里就不一一介绍了。

1999年，国家建设部、文物管理局等有关单位组成专家评委会对宏村进行实地考察，全面通过了《宏村保护与发展规划》。2000年，宏村被联合国教科文组织列入了世界文化遗产名录。

2003年，宏村被评为全国首批12个历史文化名村之一。

阅读链接

宏村的红白古树是这牛形村的牛角，是宏村的风水树，也是一种吉祥象征。

按照宏村过去的风俗，村中老百姓办喜事，新娘的花轿要绕着红杨树转个大圈，这预示着新人百年好合，鸿福齐天；高寿老翁辞世办丧事，要抬着寿棺绕着白果树转个大圈，寓示着子孙满堂，高福高寿。

安徽西递

　　西递村是安徽省南部黟县的一个村庄。坐落于黄山南麓，距黄山风景区仅40千米，素有"桃花源里人家"之称，始建于北宋皇祐年间，发展于明朝景泰中叶，鼎盛于清朝初期，至今已近900余年历史。

　　村落平面呈船形，村内至今仍保存着古朴典雅的明清民居近200幢。是我国首批5A级旅游景区。

帝王后裔为避难隐居建村寨

西递旧称西川，3条溪流由东而西穿村而过，因水闻名；又因在村西处是古代的驿站，又称"铺递所"，西递之名由此而来。

西递村是一个由胡氏家族几十代子孙繁衍延绵而形成的古村落，

西递民居

西递村奠基于北宋皇祐年间，发展于明朝景泰中叶，鼎盛于清初雍正、乾隆时期，距今已有900多年。

据胡氏宗谱记载，西递胡氏的始祖是唐昭宗李晔之子，904年，唐昭宗迫于梁王朱全忠的威逼，仓皇出逃，皇后何氏在行程中生下一个男婴。

在随行的侍从中，有个徽州的婺源人胡三宦，胡三宦就秘密将太子抱回徽州婺源考水抚养，并给太子取名昌翼，改姓胡。胡昌翼就是明经胡氏的始祖。

1047年，胡昌翼后代胡士良因公往金陵，途经西递铺时，见此地群山环抱、风景秀丽、土质肥沃，遂举家从婺源考水迁至西递村。从此在西递村耕读并举，繁衍生息。

1465年之后，西递村人口剧增，西递村胡氏祖先开始"亦儒亦商"跻身于徽商行列，西递村的财富迅速积累，大量的住宅、祠堂、牌坊开始兴建。

■ 安徽西递古建筑

1573年至1620年，西递村重修了会源桥和古来桥，并在两桥之间沿河渠建造了一批住宅。

明经胡氏十世祖胡仕亨后代在其旧居基址上建起敬爱堂后，西递村的中心就渐渐地从东边移至会源、古来两桥之间。

西递村的敬爱堂是胡仕亨的享堂，始建于1600年。他的3个儿子，为表示互敬互爱，遂将享堂改建成祠堂，故名。

该祠堂是西递村现存最大的祠堂。前置飞檐翘角门楼，中设祭祀大厅，上下庭间开大型天井，左右分设东西两庑，配以高昂的大理石柱；后为楼阁建筑，楼下作为先人父母的享堂，楼上供奉列祖列宗神位。

后厅有一个斗大的"孝"字，是大理学家朱熹所

朱全忠 原名朱温，归唐后赐名朱全忠，称帝后又改名朱晃。907年，朱温废唐哀帝，自行称帝，改名晃，建都开封，国号为"大梁"，史称"后梁"，后人称为梁太祖。封李柷为济阴王，第二年又杀李柷，自此唐朝结束统治，我国进入五代十国时期。

黄梅戏 旧称黄梅调或采茶戏，与京剧、越剧、评剧、豫剧并称中国五大剧种。其唱腔淳朴流畅，以明快抒情见长，有丰富的表现力。黄梅戏的表演质朴细致，以真实活泼著称。其发源地，一说为安徽怀宁黄梅山，另一说为湖北黄梅县一带的采茶调。一度被称为"怀腔""皖剧"。

■ 西递敬爱堂

书。此字从后看，像是一个俊俏后生，跪地作揖。而从前看，则是一个桀骜不驯的猴子嘴脸；字画一体，字中有画，画中有字。寓意为孝敬长辈则为好儿孙，反之就退化为猢狲。以此来对族人进行警示，告诫后人要尊重祖先、尊重长辈。

1662年至1850年，胡氏家族在经商、仕途上一帆风顺。西递村在人口、经济和建设的发展达到了鼎盛阶段。

据说，胡贯三祖孙5代是西递徽商的佼佼者，也是"商、儒、官"三位融为一体的典型代表。胡贯三经商数十年，号称拥有"七条半街"店铺，"三十六典当"资产，一生最讲究商德和修养。

同时，胡贯三不仅经济实力雄厚，而且与当朝宰相曹振镛结为亲家，地位相当稳固，为迎接亲家三朝宰相曹振镛来西递村，他还在村口兴建走马楼，村中建迪吉堂等建筑，以示其荣，以显其富。

其中，走马楼又称"凌云阁"，建于1787年。当年，曹振镛目睹此景，赞不绝口："此楼又长又宽，连马都可以在上面跑呢！"为此，凌云阁改称为走马楼。

西递村现存的走马楼是依据当年的布局重新修复的，走马楼分上下两层，粉墙墨瓦，飞檐翘角。现走马楼内表演黄梅戏、抛彩球、茶道等节目。

楼下有单孔石拱桥，名为梧赓古桥。西溪流水潆绕走马楼，穿桥而过，在这里可领略到"西递八景"之一的"梧桥夜月"美景。

和走马楼同时修建的迪吉堂，又称官厅，是接待达官贵人的厅堂场所。此堂气度端庄，古朴典雅，建于1664年，距今300余年。

再说胡贯三自从与朝中重臣成为亲家，生意更加蒸蒸日上，很快就成为江南六大巨富之一，儿子也被委以杭州知府。

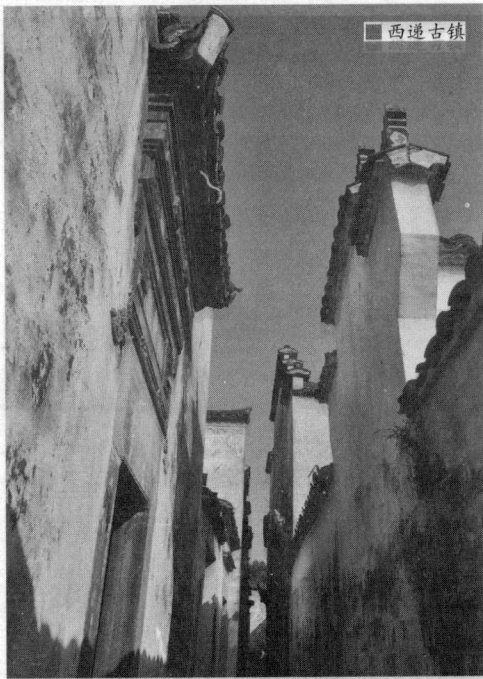
西递古镇

阅读链接

西递村原名西川，为何又叫西递呢？有两种说法：

一种是：以前这里是交通要道，政府在此处设有驿站，用于传递公文和供来往官员暂时休息，驿站在古代又称为"递铺"，所以西川又称为"西递铺"。

另一种是：我国大地上的河流都是向东去的，而西递周围的河水却是往西流的，"东水西递"，所以西川也就被称为西递了。

保存至今的明清古建筑群

　　西递是安徽黄山市最具代表性的古民居，素有"桃花源里人家"之称。

　　这个村子的兴衰与胡家的命运紧密相连。古村从形成至今，经历了数百年的社会动荡，风雨侵袭，虽半数以上的古民居、祠堂、书

■安徽西递古建内景

■ 明神宗朱翊钧（1563—1620），明朝第十三位皇帝，明穆宗第三子。隆庆二年立为皇太子，隆庆六年，10岁的朱翊钧即位，次年改元万历。在位48年，是明朝在位时间最长的皇帝。庙号神宗，葬十三陵之定陵。

院、牌坊已毁，但仍保留下数百幢古民居，从整体上保留下明清村落的基本面貌和特征。

西递村中一条主道贯穿东西，与其两侧各一条与之平行的街道一起穿过很多窄巷。村庄是引溪水入村的长条形村落，流水、民居相间，建筑群落整体性极佳，给人以紧凑精美的感觉。

整个村落空间变化韵味有致，建筑色调朴素淡雅。至今尚保存古朴典雅的明清民居中，大量的砖、木、石雕等艺术佳作点缀其间。

村内古老的建筑有胡文光牌坊、追慕堂、旷古斋、瑞玉庭、桃李园、西园与东园、膺福堂、履福堂、笃敬堂、青云轩、惇仁堂、尚德堂、仰高堂、村绣楼和大夫第等。

西递村的胡文光牌坊俗称西递牌楼。建于1578年，距今已有400多年的历史。这座牌坊是三间四柱五楼单体仿木石雕牌坊，通体采用当地的大理石雕筑而成。

整个牌坊上下用典型的具有徽派特色的浮雕、透雕、圆雕等工艺装饰出各种图来，而每一处图案都蕴

四柱五楼 我国古牌坊的一种形式。四柱指有三间的四根立柱，五楼指屋顶包括主楼一个，边楼两个，夹楼两个，形成一个层进面。一般说来，古牌坊顶上的楼数，有一楼、三楼、五楼、七楼、九楼等形式。我国的古牌楼中，规模最大的是"五间六柱十一楼"。

书法 文中特指中国书法。中国书法是一门古老的汉字书写艺术，是一种很独特的视觉艺术。书法是我国特有的艺术，从甲骨文开始，便形成了书法艺术，所以书法也代表了我国文化博大精深和民族文化的永恒魅力。

含有极深刻的寓意。胡文光牌坊造型庄重、典雅，石刻技艺出众，堪称明代徽派石坊的代表作。

这座牌楼是明神宗恩准为其四品大员胡文光建造的，横梁西向刻字"胶州刺史"，东向刻字"荆藩首相"。胡文光进士及第，入仕后官位累升至山东胶州刺史，他为官勤勉，政绩卓著。后得到明神宗的叔父长沙王的赏识，将其调任王府长史，总管一应事务。王府长史也称王府首相。

据载，历史上西递村曾有13座牌楼，其中12座在消失了牌楼的主人中，地位、权势比胡文光高的不止一位。但胡文光的身价最高，牌楼的规格最高，留存于世的时间也最长。

追慕堂位于西递村大路街上方，建于清朝乾隆甲寅年，用以追思慕念胡氏先祖，使后人勿忘当年的李胡渊源。

■安徽宏村图

追慕堂屋顶为飞檐翘角，八字形大门楼，檐下三元门外设有木栏，八字墙用整块打磨光滑的黟县大理石制成，风格独特，极为精美壮观。

西递村的旷古斋建于清康熙年间，是一幢清朝时期典型的徽派庭院式的私家宅院。

斋内的砖、木、石三雕都基本保持原样，正厅堂前摆放有西递古村落全景大沙盘，形象地再现了古村落的整个布局和山形地貌。

瑞玉庭位于西递村横路街口，建于清朝咸丰年间，是一座具有代表性的徽商住宅。

从上而下整体看来似"商"字形状，当人从下穿过时就与其组成了完整的商字，寓含着人人皆经商之意，这是徽派民居厅堂里的一个独例。

西递的桃李园位于村内横路街中部，建于清朝咸丰年间，由正屋和庭院组成，是胡贯三的第三个儿子

漆雕 是我国传统工艺美术品，也叫剔红，其技艺始于唐代，工艺流程极其复杂。制漆、制胎、打磨、做里退光等，过程繁复，用时很长。因此大型漆雕也极其昂贵，在古代也一直是皇室贵青的陈设品。它与景泰蓝、牙雕、玉雕并称北京四大特种工艺品。

倒爬狮 是我国古建筑的特色构件之一,相当于雀替中的一种。倒爬于房屋建筑的大梁柱之前,主要起到固定建筑物的作用。"倒爬狮"是木质结构,形状如倒爬的狮子,属于徽派建筑物的特有装饰。进入现代,随着徽文化热的兴起,"倒爬狮"的价值也在不断地飙升。

胡元熙的旧宅,也是西递唯一的住宅与书馆相结合的建筑。

后进厅堂两侧有雕花木板,上面依次镶有书法漆雕《醉翁亭记》全文,这些雕花木板出自康熙年间古黟县书法家黄元治之手,现在显得十分珍贵。

西递的西园在村内中横路街上,建于清朝雍正年间,距今有260多年历史,是清朝道光年间四品官胡文照的私宅。

庭院分前、中、后三进,以低墙相隔,院内有花草树木、鱼池假山、匾额漏窗,用的是典型的徽派造园手法。东园与西园相对应,是一组多单元的古老住宅,风格古朴,不饰华丽。

膺福堂是西递官职最高的清二品官员胡尚焞的私邸。建于清朝康熙年间,为三进三楼结构。

膺福堂是典型的徽派四合院,屋内的隔扇门皆雕

■ 西递村履福堂

成莲花状，精致典雅，天井四周的雀替木雕呈倒爬狮，尽显官商府第的气派。

履福堂，建于1684年，距今300多年，是胡贯三的孙子清代收藏家胡积堂的故居，也是西递村中一座典型的书香宅第。

此堂是一座三间三楼结构的大房子，屋内厅堂摆设典雅，充满书香气息。前厅堂前挂有"履福堂"匾额，两侧有木刻楹联反映出主人的伦理观念：

■ 西递古镇

世事让三分天宽地阔，心田存一点子种孙耕；

几百年人家无非积善，第一等好事只是读书。

此外，前堂还挂有数幅字画、楹联，其中有一副内涵丰富，很有哲理的楹联：

读书好，营商好，效好便好；
创业难，守业难，知难不难。

这副对联显示了儒学向建筑的渗透。

厅堂前的长条案桌上东侧放着一只大花瓶，西侧

儒学 亦称儒家学说，起源于东周春秋时期，和"道家""墨家""法家""阴阳家"等诸子百家之一，汉朝汉武帝时期起，成为我国社会的正统思想，如果从孔子算起，绵延至今已有两千五百余年的历史了。随着社会的变化与发展，儒学从内容、形式到社会功能也在不断地发生变化。

■ 西递古村马头墙

书香 古人为防止
蠹虫咬食书籍，
便在书中放置一
种芸香草，这种
草有一种清香之
气，夹有这种草
的书籍打开之后
清香袭人，故称
之为"书香"。
书香亦可指书中
文字的内容，而
不仅仅是图书纸
张、油墨及装帧
中掺进的有形成
分；亦指有读书
先辈的人家，书
香人家，世代书
香；读书风气、
读书习尚等。

放着一面镜子，取谐音"东平西静"之意；中间放着自鸣钟，当自鸣钟响起，取"终生平静"的谐音，体现了主人对生活的一种希望。

钟两侧各有瓷质"帽筒"一只，古时的男人戴着西瓜皮帽子，一当坐下来就顺手把帽子往帽筒上一放，故称帽筒。

堂前两边还挂有奇特的撕画、烧画，它是用笔绘出却如用火烧烙，再用手撕并合而成。

进入后堂，有一用于扇风的板扇悬于半空，一边刻有"清风徐来"4个大字，一边刻着"凌云"两大字，一扯动绳子，板扇即轻轻来回摆动。

天井两旁各有12扇木门，雕刻了花草、飞禽、走兽，每扇门中段各雕一则孝义故事，正反两面合起来，是一幅完整的《二十四孝图》，这也是西递灿烂的古文化遗产。整座宅居古风盎然，书香扑鼻，具有我国古代典型的书香门第风貌。

在履福堂的旁边，还有一处笃敬堂，建于1703年，距今已有300余年。这也是胡积堂曾经居住过的地方。

笃敬堂为四合院二楼结构。正屋前，有一个小庭院。庭院左边，又有一间书房。中间正屋厅堂上，最醒目的便是一组祖传画像，正中为胡积堂，被朝廷封为正三品。画像左边年轻者，为胡积堂的元配夫人。右边年长者，为继配。她们颈挂朝珠，享受着丈夫的三品待遇。

青云轩建于清朝同治年间，是西递村整体民居的一个书厅，又叫便厅，至今已有140多年的历史。

虽然青云轩也是一座徽派民宅，但它是仿照北方四合院的形制，在西递古民居中别具一格。据说，该宅的主人祖上曾经在京城经营钱庄生意，因为喜欢北方的四合院，所以就在家乡投资兴建了这座特殊的小院。该院建于清同治年间，建筑是二楼结构，两侧平房，环绕一小庭院，便厅居中，院门临巷设有门亭。

从石板台阶拾级而上，进入小院首先映入眼帘的是一株茂盛的牡丹花。这株牡丹是主人从洛阳带回的秧苗，与小院同龄。

朝珠 是清朝礼服的一种佩挂物，挂在颈项垂于胸前。朝珠共108颗，每27颗间穿入一粒大珠，大珠共4颗，称分珠。据说，这朝珠象征着四季，而朝珠的质料也不尽相同。由于清朝皇帝笃信佛教，凡皇帝、后妃、文官五品及武官四品以上，另外，侍卫和京官等，均可佩挂朝珠，并且可作为皇帝所赏赐的物品。

徽派建筑典范 安徽西递

■ 西递古村落

江南　在历史上江南是一个文教发达、美丽富庶的地区，它反映了古代人民对美好生活的向往，是人们心目中的世外桃源。从古至今"江南"一直是个不断变化、富有伸缩性的地域概念。江南，意为长江之南面。在古代，江南往往代表着繁荣发达的文化教育和美丽富庶的水乡景象，区域大致为长江中下游南岸地区。

与牡丹相对的是一扇月亮圆门，门框由6块"黟县青"石块组成，这种月亮门在西递民居中比较少见。每年牡丹花盛开的季节，怒放的鲜花与满月形的圆月构成了"花好月圆"的美好意境。

最为奇特的是月亮门门口摆放的青云轩的镇宅之宝，一块海蚌化石，也是主人在外地做生意的时候带回来的，现成为青云轩的又一标志性物品。

进入院中，右侧是主人吃饭起居的地方，左侧是一条回廊，下雨时在院内可以不走湿路。

穿过月亮门进入正厅，正厅与其他徽派民居摆设并无大的差异，但青云轩最有特色之处也恰恰就在正厅里。厅堂正中地面上有一个小圆洞，上面放着石盖，冬天掀开，暖气上升；夏天掀开，凉风送爽，如同一个天然空调，令人称奇。

■西递村的惇仁堂

■ 西递村民居

另外，由于这家主人祖上是经营钱庄的，钱庄当然和铜钱打交道，为此，在青云轩圆的月亮门和方的地窖上，均为外圆内方的铜钱形状，这又是徽文化的一大特色。

惇仁堂位于西递村大夫第后弄的前边溪畔，建于清朝康熙年间，原为村中徽商泰斗，有江南六富之一美誉的胡贯三晚年的居所。

此建筑古朴典雅，房屋是五间二楼结构。惇仁堂后来还是1906年在西递创办黟县第一所"崇德女子学堂"的大家闺秀黄杏仙的故居。

尚德堂位于西递村前边溪上游，始建于明朝万历年间，距今约有400多年的历史，是目前西递古村落里尚有的最古老的明代民居建筑。

西递村的仰高堂位于尚德堂的上侧。建于明代万

黄杏仙 女，安徽黟县黄村人。她出身大家闺秀，幼年时，随父就读于江西景德镇，对于算盘、书字、花鸟画以及刺绣、毛织、草编等工艺，能细心揣摩，熟练精通。20岁，出嫁西递村胡大衍为妻。于1906年在西递村开办黟县第一所女校"崇德女校"。后改称西递女子小学校。

■ 西递风光

裙板格扇 这里的"裙板"又称踢脚板，是地面和墙面相交处的一个重要构造节点。"格扇"则是指带空栏格子的门扇或窗扇，这是我国传统建筑中的装饰构建之一，从民居到皇家宫殿都可以看到，是我国建筑中不可或缺的东西。

历年间，屋宇为3层，在内部格局上，把厅堂移至二楼，这种"楼上厅"的现象，是明代民居建筑的一大特色。有学者写诗称赞道：

钟情西递访遗踪，仰慕先贤兴趣浓。
代有儿孙勤建业，名垂青史大家风。

绣楼位于西递村大路街与横路街交汇处的大夫第边，传说原胡家小姐曾在此楼上抛绣球择婿，因而又被称为小姐绣楼，绣楼设计巧妙，布局合理，建造精巧，十分玲珑典雅。

除了以上这些建筑，在西递村中，还有一处宅院叫大夫第，建于1691年，为胡文照祖居，后因官封四品，因而在大门上首嵌砌砖雕"大夫第"3字。正厅堂额为"大雅堂"，天井四周的裙板格扇均为木雕冰梅图案，取"十年寒窗"之意。楼上绕天井一周装饰有"美人靠"雕栏，梁上雀替为象征权贵的倒爬狮。

楼额悬有"桃花源里人家"6个大字。"大夫第"门额下还有"做退一步想"的题字，语意双关，耐人寻味。

另外，西递古民居内大都设有"天井"，这是徽派建筑的一大特色。天井的设置，一般三间屋在厅前，四合屋在厅中，起到采光、通气诸功用。

因过去徽商巨贾为了藏富防盗之需，其住宅大都建有高大封闭的屋墙，很少向外开窗。设置天井，可以把大自然融入屋中，使"天人合一"，足不出户，也可见天日。还有一种说法，就是商人以积聚为本，总怕财源外流，造就天井，可"四水归堂"，即四方之财如房顶上的雨水，汇集于天井内，不至于外流他家，俗称"肥水不外流"。

四水归堂 江南民居普遍的平面布局方式和北方的四合院大致相同，只是一般布置紧凑，院落占地面积较小，以适应当地人口密度较高，要求少占农田的特点。由四合房围成的小院子通称天井，仅作采光和排水用。因为屋顶内侧坡的雨水从四面流入天井，所以这种住宅布局俗称"四水归堂"。

059

徽派建筑典范 安徽西递

■ 绣楼外檐精美的雕刻

此外，西递的街巷同样很美，一般来说要比宏村的街巷宽些，可能是因为西递村当官的人官位高、读书的人名气大、经商的人钱更多吧，所以房屋街巷都建得更气派些。

要说历史呢，胡氏迁居西递要早于汪氏迁居宏村近百年，胡氏祖先又是皇家后裔，所以，处处高人一头也是理所当然的。

历史悠久、古朴典雅、风光秀丽的西递村，1986年被定为安徽省重点文物保护单位。村内保存完整的120多幢古建筑被誉为"中国传统文化的缩影""中国明清民居博物馆""世界上最美的村庄"。

2011年，西递村景区被国家旅游局正式授予"国家5A级旅游景区"称号。

古村佳境

人杰地灵的千年古村

阅读链接

在西递村中大夫第的观景楼匾额上，知府大人胡文照为什么会在自己的匾额上留下"做退一步想"的题字呢？

原来，在他刚做知府的时候，曾经大刀阔斧地整顿吏治腐败，得罪了许多官员。这些官员勾结起来诬陷他，欲置他于死地，把他整得几乎丢了官。

这时，幸亏有一位绍兴师爷从中点拨，劝他做退一步想，先保住官职，再循序渐进。虽然胡文照按照这位师爷的劝告，在整治开封的贪官污吏方面取得了一些成绩，但也因此遭到昏庸贪官的排挤和打击，从此在官场上，再也没有得到升迁的机会。

胡文照在开封知府位上，一任10多年未见提拔重用。遂使他产生对官宦生活的厌倦，由此，他产生了及早隐退故里的念头，便在自己观景楼匾额上留下了"做退一步想"的题字。

山西丁村

丁村，位于山西省临汾市襄汾县城汾河河畔，北起史村，南至柴庄。这里地势东高西低，气候温和，水土丰茂，自古就是人类活动的地区之一，全国著名的重点文物保护单位旧石器时代的"丁村人"及其文化遗址就分布在它的周围。

以丁村为中心的丁村遗址，于1961年被列为第一批全国重点文物保护单位，丁村民宅于1988年被列为第三批全国重点文物保护单位。

丁氏祖先从河南迁入古村

在山西省临汾市襄汾县有个村庄，名叫丁村。村子不大，却非常有名，这是为什么呢？原来，这座村庄的历史非常悠久，最早的丁村文化遗址竟然在远古的旧石器时代。

■丁村民居门楼

1953年，我国考古学家在这里发现了这个村落的远古文化，1954年，专家学者们又发现了化石地点14处，石器地点11处，同时发现了人类化石，计门齿两颗、臼齿一颗，1976年又发现婴儿顶骨一件。

这些古老的文物证明这座古村庄从旧石器时代起便有人居住了。可是，丁村到底始建于哪一年呢？现在并没有确切的文字资料记载。不过，丁村丁氏的家族渊源可以追溯至始迁祖丁复。在保存至今的丁氏1754年《家谱》中称：

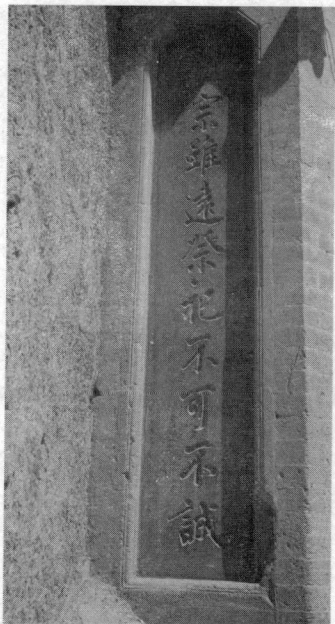

■ 丁村内石刻

> 太邑汾东，有庄曰丁村，余家是居是庄，由来久矣。始于何祖，方自何朝，余固不得而知也。每阅祖遗家谱，自始祖复递传至今，已十有一世矣。

这段《家谱》告诉我们，在1754年时，已经是丁氏家族的第十一代了，如此说来，丁氏祖先丁复应该是从明代初年迁入此地的，可是他们到底是从哪里迁入的呢？《家谱》记载：

> 丁姓各省俱有，惟豫章称繁族，亦属耳闻，余并未亲到。独中州襄邑城内以及乡庄约有十余家，与余久有宗谊之亲，至今称好，其余虽有，并未识面。

旧石器时代 在古地理学上是指人类开始以石器为主要劳动工具的文明发展阶段，是石器时代的早期阶段。地质时代属于上新世晚期更新世。其时期划分一般采用三分法，即旧石器时代早期、中期和晚期，大体上分别对应于人类体质进化的能人和直立人阶段、早期智人阶段、晚期智人阶段。

襄邑 东汉时期的地名，为县级行政区，原址位于现在河南省睢县，属于兖州陈留国辖内，是当时纺织中心，在开封东南，惠济河从境内通过，城中有湖，湖中有城。夏商时属豫州，周属宋。春秋五霸之一的宋襄公在此建立霸业，死后葬于此地。

另外，在1789年民居的主人丁克长过寿时，襄邑族人所赠的寿瓶上刻有寿文，其中有"派出济阳，世居山右"的记载。济阳是河南的开封、兰考县一带。

由此可见，丁村的丁氏宗族与河南襄邑的丁氏应当同属一宗，均迁于河南开封和兰考县一带。于是，从这里我们可以知道，丁氏始祖是从河南一带迁入山西的。

当丁氏始祖在山西得以安身立命之后，出于传统的聚族而居的习惯，又有同宗的丁氏族人相继迁到该处，并且各自繁衍下来，形成丁村。

丁氏宗族自丁复起至明代万历年间，已经有了相当的规模，就丁氏谱系来看，当时族属庞大，人口繁盛，另建了一批房屋，并重修或建造了一部分庙宇。丁村的村落结构也初步形成。

后来，有部分丁氏后人他们把自己生产的粮食、

■ 丁村的阁楼民居

■ 丁村民居石柱

布匹送到甘肃宁夏，把甘肃宁夏的中草药，比如冬虫夏草、大黄、枸杞等贩回来，送往广东，又把广东的稀罕物品，诸如洋货什么的贩回来。这样，就形成了一支晋南商帮中实力最强的"太平帮"。

这些靠着经商发财的丁家人在外地赚钱以后，就回家不断地买地，然后盖房娶妻生子。到了清代，丁氏宗族分为六支，即北院、中院、南院、窑顶上、西头和门楼里。

清代丁氏宗族经济模式发生转变，由纯农业生产走上了农官商相结合的道路，部分支系有了较雄厚的经济实力，同时由于人口的增加，这段时期又形成一个建造房屋的高潮，丁氏的村落结构定型。

丁氏族人买地盖房，历史上主要分3个时期，也就是现在分的3个家族支系的大兴土木过程：明代万历年间兴建的北院；清雍乾时兴建的中院；清晚期咸

宗族 人类学术语，一种社会单位。指拥有共同祖先的人群集合，通常在同一聚居地，形成大的聚落，属于现代意义上模糊的族群概念。类似用语还有"家族"，小范围内有时"宗族"和"家族"互相混淆使用。一个宗族通常表现为一个姓氏，并构成居住聚落；一个宗族可以包括很多家族。

丰道光年间兴建的南院。另外，还有散乱的许多院落，共40余座。

现存的丁村最具观赏价值的是村内古老的民居，这里保留了自明代万历年间至清代末年的大量房屋家宅。这些家宅是可以和晋中的乔家大院、渠家大院、曹家大院竞相媲美的大院，又不是单一的大院。一座一座既分散坐落，又有序分布的四合院，形成了一个村落。

如果说去乔家、渠家、曹家等地方是看大院家宅，那么到丁村则是看大院村落了。这样的大院村落，不只在北方，即使在南方，在全国也是罕见的。

丁村民宅，它不同于官宦和豪商巨宅，更不同于皇家建筑和宗教庙宇，说到底它是老百姓的宅院。但是，就丁村民宅的建筑理念、分布格局、砖雕木刻，以及它所包含的古朴的传统文化、民俗风情内容而言，它又绝对堪称一座古代民间建筑博物馆，一座农民的宫殿。

阅读链接

据说，丁村在形成之初，是由一个家族或丁氏的数个家族组成。村落形态也比较简单，丁氏宗族每一支系家庭都不断进行着由核心家庭、主干家庭的裂变，一对夫妻组成的核心家庭在积累到一定数量的资财后，就会在他们居住的房屋旁再立新宅。

丁氏宗谱中有一典型例子："余支于村内独占尽东一边，有地20余亩，俱系余支房屋场基、牛园，并无他人基业。临街西面公建大门、二门、门楼各一座，至今人称余支为大门里。余支就有老院四所，书院一处，前后左右相连，俱系卿祖置。"

"翰卿祖生高祖辈史弟4人，昔居时各授全院一所，卿祖与老祖妣两人独居书院，以终余年。长房伯祖诚分东北院一所，本村地数十亩。后诚祖于伊居旧院东边相连建新院……"

这样几代下去，就形成了以"祖屋"为核心的丁村村落。

由四大群组构成的古建筑

丁村位于襄汾县城南处，是一个聚落结构随着历史的变迁，已发展成为比较完善的宗族乡村。村内遗存有明、清时代的民居院落40多座，建筑类型包括民居、宗祠、厅堂、戏台、庙宇、寨门、城墙、商铺、粮仓等。

丁村内威严的大门

几乎包括了宗族制度下纯农业血缘村落的所有基本建筑类型。是我国北方地区现存规模较大、保存较为完整的明清民居建筑群。

丁村民宅建筑群呈东北西南向分布，分北院、中院、南院、西院四大组。由于宗族的繁衍发展，反映在院落群坐落上的时代差异特别明显。这四大群组以村中心明代建筑观音堂为领首，以丁字小街为经

■ 丁村古建筑雕刻

古村佳境

人杰地灵的千年古村

魁星 是我国神话中所说的主宰文章兴衰的神，即文昌帝君。旧时很多地方都有魁星楼、魁星阁等建筑物。由于魁星掌主文运，深受读书人的崇拜。因"魁"又有"鬼"抢"斗"之意，故魁星又被形象化成一副张牙舞爪的形象。同时还是我国古代星宿名称。

纬，分布于北南西三方。

村落集中在明崇祯年间所筑的一道"四角俱正，唯缺东南"的土寨墙内，当地人称这个土寨墙为"城墙"。在这道土寨墙的南北方向分别筑了两个楼阁式"城门"，北门匾是"向都山"，南门匾是"宅明都"，东门因与邻村有地亩之争，只券了门洞就封起来了，而西门根本就没有建。

从空中俯瞰，丁村人说丁村的形状是"金龟戏水"。原来，在丁村寨外的四角分别有魁星阁、财神阁、文昌阁、玉皇庙4座殿阁是为龟足，东有狼虎庙，西有弥陀院为龟的首尾，再西有汾河。若以村寨为龟身，就正像一只大龟趴在沙滩上。

龟，在我国古代的传说中是4种神兽龙、凤、龟、麟之一，丁氏族人之所以把村庄的形状建成龟形，是祈愿村寨安全久远、富贵平安。

在丁村，村子里不留十字路口，全是丁字路口，而且逢丁字路口的顶头，就建一座庙或者戏台，这样可以防风。

丁村内现存的四座小庙，三义庙、三慈殿、菩萨庙、千手千眼观音庙，都处在主要的丁字路口。

丁村村中心的观音堂，始建于1605年，现存建筑为1769年重修建筑，里面供的是南海观音，也叫渡海观音。

观音堂前，过去东、西、北三条路口，都各建石牌坊一座，东边牌坊上写着"慈航普度"，西边写着"汾水带萦"，北边写着"古今晋杰"。

观音堂内，正中悬"观音堂"匾额，两侧各悬"德水常清""宛然南海"金匾，石柱楹联：

殿座池塘漫云宝筏消迹少；
堂临冲要俱是金绳引路多。

■ 丁村内古老的民居建筑

财神 是我国民间普遍供奉的一种主管财富的神明。财神是道教俗神，民间流传着多种不同版本的说法，月财神赵公明被奉为正财神，李诡祖、比干、范蠡、刘海被奉为文财神，钟馗和关公被奉为赐福镇宅的武财神。日春神青帝和月财神赵公明合称为"春福"，日月二神过年时常贴在门上。

069
北方农民宫殿
山西丁村

举人 本义是被举荐之人。汉代没有考试制度，朝廷命令各地官员举荐贤才，因此以"举人"称被举荐的人。隋朝、唐朝、宋朝三代，被地方推举而赴京都应科举考试的人也称为"举人"。至明、清时，则称乡试中试的人为举人，亦称为大会状、大春元。

这些匾额和盈联都是中院捐职州同丁溪莲父亲的手笔。

村西头的三义庙，是丁村古建筑的鼻祖，是1342年修建的，距现在600多年了。庙内供奉的是刘关张桃园结义的三兄弟。

在过去，人们出门在外，靠的就是老乡、朋友，所以常常有人结拜金兰之好。有意思的是，丁村这个三义庙，根据历代重修碑记，早期主持修庙的人中姓丁的并不多，到了后来就越来越多了，这也验证了丁姓族人的发展。

三慈殿，处在村西南角小巷丁字路口，是清代早期建筑，供奉的是观音、文殊、普贤三位心慈面善的菩萨。现存1798年重修碑记，碑文是村里当时的举人老爷丁溪贤写的。

丁村村南头小庙，也称千手观音堂，始建于明

■丁村内古民居

代，现存清代顺治、康熙、道光年间重修碑记。

■ 丁村内的古门楼

从丁村的4个小庙可以看出，丁村明清祖先的生活理念和追求，不外乎祈福祈寿保平安。三义堂，最初是因为丁村商人参加太平帮行走江湖，结交结拜朋友，共闯天下的祈福场所。

丁村过去有很多人都外出经商、打工，有的人家不太富足，家里的几亩薄田就留给了妇道人家和年幼的孩子，这种现象，也许就是修建三慈殿的原因了。至于说南海观音和千手观音，当然是村民为了祈求佛祖保佑，祈求平安幸福。

在村中心观音堂后面，有一座观景楼，是清道光年间修建的。这座楼的屋顶是圆的，像一张席子卷在屋顶，这叫卷棚顶。这种卷棚顶的建筑，一般用在庙宇、园林，甚至皇家建筑里，在民居中不多见。

以这座建筑 "观景楼" 为屏障，以正面3座牌坊为前界，形成了一个前有三枋相拱，后有高楼为屏的

南海观音 据《悲华经》记载，观世音无量劫前是转轮圣王无净念的太子，名不拘。他立下宏愿，生大悲心断绝众，勇猛丈夫观世音，生诸苦及烦恼，使众生常住安乐。为此宝藏如来给他起名观世音。南山与观音，因缘殊胜。据说，观音菩萨有十二心愿，其第二愿就是 "愿长居南海"，故称南海观世音。

火炕 或称大炕，是北方居室中常见的一种取暖设备。古时满族人也把它引入了皇宫内。盛京皇宫内多设火炕，而且一室内设几铺，这样既解决了坐卧起居问题，又可以通过如此多的炕面散发热量，保持室内较高的温度。东北人住火炕的历史，至少有千年以上。

丁字形小广场，是丁氏族人的聚会场所。每年春节元宵，张灯结彩，架设鳌山，锣鼓喧天，灯火辉煌。

高高树立的门灯架上的"天下太平"，在灯光照耀下闪闪发光，人们扶老携幼，前呼后拥，一派赏心乐事，表现着太平盛世人们的欢娱心情。当年之盛，可见一斑。

丁村的建筑共分为北院、中院、南院、西北院四大组，其中北院以明代建筑为主，中院以清代雍正、乾隆年间的建筑为主，南院以道光、咸丰年间的建筑居多，西北院则是乾隆、嘉庆时所筑。

北院以明代建筑为主，均建于万历年间，最早建房题记为1593年。基本上是八品寿官丁翰卿一支的产业，后在乾隆年间又有大批续建，但仍系丁翰卿之子孙所为。

其中，建于1593年，位于丁村东北隅，是一组四

■ 丁村内民居内景

■ 私塾内的泥人

合院，大门一间设在东南角，正屋3间，东西厢房及倒座各为两间，按传统习惯根据木构架分间，应是3间，可能是由于木构架开间过小，不利于布置室内火炕，所以分作两间使用。

正屋、两厢和倒座之间并无廊子连接。其形制符合明代庶民屋舍的规定，只是正屋梁上有单色勾绘的密锦纹团科纹饰，似稍有逾制之嫌。

另一座建于1612年，位于前座宅的东侧。由两进院落组成，现仅存大门及里进院，两院之间的垂花门也已毁去。从现存建筑看，平面布置后者比前者多建外面一进，其余基本相同。

由于山西属大陆性气候，冬季寒冷，故两宅内院南北狭长，以取阳光。墙体较厚，可以保温御寒。由于当地雨量稀少，所以修建的房屋仅用仰瓦铺设，省

北方农民宫殿

山西丁村

垂花门 是我国古代建筑院落内部的门，因其檐柱不落地，垂吊在屋檐下，称为垂柱，其下有一垂珠，通常彩绘为花瓣的形式，故被称为垂花门。它是四合院中一道很讲究的门，是内宅与外宅的分界线和唯一通道。

坎宅巽门 是以八卦之一的"巽"为坐向的房屋方位。也就是坐北朝南的房子。不过，大门的坐向是按大门所向的方位而定。如我们站在屋内，面向着大门，则面向的方位便是"向"，而与"向"相反的方位便是"坐"。如做坎宅，必须开巽门，所以要以"坎宅巽门"为最佳。

去盖瓦。据风水学说，正房在北，大门在东南的布局属于"坎宅巽门"的吉宅。

中院以清代雍正、乾隆年间所建居多，系北院丁翰卿之同宗兄弟丁松清之子孙丁衔武、丁坤等人所建，后有道光年间建者，亦系丁坤之重孙丁庭柱等人所为。

南院的情况较为复杂，既有丁玉恩建于明万历四十八年，也就是1620年的，也有其重孙丁建文、丁建武等建于乾隆二十年，也就是1755年的，更多的则是由丁建文之孙丁殿清等建于道光咸丰年的，但均系一脉相承，与北院中院没有明显关系。乾隆时的丁世德在为丁比彭所纂《家谱》序中曾说：

> 丁氏一庄，宗分脉异安知其始非一本所衍也？但无谱可稽……

■ 丁村内古老的民居建筑

西北院较为分散，留存民宅较少，以乾隆、嘉庆年间者为主，其谱系至今尚无更多资料可供研究。

在现存的40座院落中，据其建筑本身自留的建房题记可知，建于明万历的6座，清雍正的3座，乾隆的11座，嘉庆的2座，道光的2座，咸丰的3座，宣统的1座。另有20世纪初的2座，未发现纪年但建筑风格类清的10座。

另一方面，丁村的民宅，延续几百年，不同时期还有着不同的格局和风格。

■ 丁村古墙石刻

格局基本上是这样的：明代的建筑都是单个的四合院，清代早期出现了前后两进的四合院，到了晚期还出现了院落合围的城堡式建筑。

这些院落的格局，很讲究实用性，基本都是以北为上，上房基本不住人，中厅一般用来待客，北厅用以祭祀祖宗，楼上当作库房，东西厢房住人，而且对称排列。

大门开在东南或南，因为从八卦上讲，坎宅开巽门比较好。但如果受地理位置局限，院门的方位也就不一定，但还是要做些处理的。

比如说院门不得不开在西南的院子，就会以东为上，把东房建成上房；有的甚至把南房往里收，留出一个通道，从西南转到东南，然后再进院子。

家谱 又称族谱、家乘、祖谱、宗谱等。一种以表谱形式，记载一个以血缘关系为主体的家族世系繁衍和重要人物事迹的特殊图书体裁。家谱是一种特殊的文献，就其内容而言，是我国5000年文明史中最具有平民特色的文献，记载的是同宗共祖血缘集团世系人物和事迹等方面情况的历史图籍。

■丁村居民婚俗

鞭炮 起源至今有2000多年的历史。最早称为"爆竹",是指燃竹而爆,因竹子焚烧发出噼噼叭叭的响声,故称爆竹。鞭炮最开始主要用于驱魔避邪,而在现代,在传统节日、婚礼喜庆、各类庆典、庙会活动等场合几乎都会燃放鞭炮,特别是在春节期间,鞭炮的使用量超过全年用量的一半。

这也就说明,风水观念在丁氏族人的脑子里,还是占一定地位的。

不过,清代早期这组院子,并不是统一设计、统一修建的,基本是品字形相继兴建的,有的院子从兴建开始,时断时续,历经10多年甚至20多年,主要还是因为财力不济,耕读之家,钱势不大。

所谓的品字形就是说,中心的院子主人为最长者,等到儿孙满堂,住不下了,就往两边发展,然后依次。它们以前互不连接,但每个院子的四角基本都留有小门儿,有的门上还有砖雕的门匾,比如"引曲""通幽"等,其实也是我们现在剧院里的安全门,那是在出现危险的时候,可以迅速自由地出走。

矗立在第一座院门前的牌坊是"宣德郎"牌坊。它是宅庄丁溪连捐买了官位后,为夸耀先祖被乾隆帝追封为"宣德郎"而立,是其"耀祖光宗"心态的反映。大门楹柱上悬挂着朱红金字对联：

醴泉无源芝草无根人贵自立；
流水不腐户枢不蠹民生在勤。

表现了主人的持家方略和精神境界。它与影壁上斗大的"福"字和院中鞭炮、香炉、东西厢房窗户上各种各样的剪纸，悬挂在北廊的彩灯，形成了一派浓郁的民间节日气氛。

在1771年所建的前后两进的院里，陈列着晋南城乡广为流传的刺绣、剪纸、木板画等民间工艺品以及歌舞、小戏、皮影戏、木偶戏的实物和资料。此外，还有民间书画、民间镜子、民用瓷器和生产用具等展览室。

这些建筑的突出特点是注重装饰，在建筑的各个部位，多有木、石、砖雕，尤其是木雕，举目皆是。在斗拱、雀替、博风板、门楣、窗棂、影壁、匾额上无处不点缀着雕品，就连柱基、阶石和小门墩上，都装饰得美观大方。那些琳琅满目的浮雕、阴雕、阳雕，人物、鸟兽、花草、静物，单浮雕、组雕、连环雕，都巧夺天工。

丁村民宅作为我国北方民族四合院建筑的典型标本，其历史年代

阴雕 是雕刻的一种，又称沉雕，将雕刻材质表面刻入形成凹陷，使文字或图案凹于钩边下比材质平面要低的一种雕刻手法，依赖熟练和准确的技法，使线条有起迄和顿挫、深浅的效果。大多用于建筑物墙面装饰的雕刻和碑塔、牌坊、墓葬、摩崖石刻、宅居楹联、匾额以及工艺品等的题刻。

■ 民居大门前的石鼓门墩

民居廊道门洞

古村佳境

人杰地灵的千年古村

跨度大，建造别致，风格各异，且其价值意义是多元体的。

民宅建造布局和实用性较完备，反映了晋西南地区汉民族的心理、爱好、信仰、风尚、习俗及情操，它是我们研究传统建筑民俗的珍贵标本；从建筑艺术讲，它采众家之长，适一方水土之要求。

木雕、砖雕、石刻表现在建筑构件上，多而不絮，精美大方，内容丰富多彩。从生活到礼法，寓意深刻；从戏曲到社火，华而朴实；从民俗到治家洋洋大方，是我国珍贵的民俗"活化石"。

1961年，丁村明清民宅就被山西省确定为重点文物保护单位，1988年，丁村被公布为全国重点文物保护单位。

阅读链接

在丁村内，有一座卷棚顶的建筑观景楼，关于它的来历，还有这样一个故事呢！

据说，在清代时，丁村有一位举人叫丁溪贤，他的号叫作钓台。当时县志有关他的记载，都称他为丁善人。

当他老了的时候，就想在村中的这个池塘边建一座观景楼，观街景看风情，安享晚年。但由于这地方地处村中要冲，又属于公地，直至1834年他去世的时候，这楼也没建起来，临死也没闭上眼。

后来他的两个儿子，为了完成父亲的凤愿，就花了很多银子，买了这块地方，用了7年建成了这座观景楼，又把丁溪贤的灵柩在里面放了3年，直至1844年，丁举人才入土为安。

屯堡文化村

在我国贵州省西部，巍峨峻峭的大山里，保存着一个距今600多年的地方民俗——屯堡文化，这个地方被称为屯堡文化村。

该村的屯堡人仍旧身穿大明朝的长衣大袖；仍旧跳着大明朝的军傩；仍旧沉眠于老祖宗"插标为界，跑马圈地"的荣耀之中。他们的语言、服饰、民居建筑及娱乐方式都沿袭着明代的文化习俗，演绎着一幕幕明代历史的活化石。

朱元璋为稳定西南屯兵安顺

　　在贵州省的安顺地区，聚居着一支与众不同的群体，他们叫屯堡人，这一独特的文化现象被人们称为"屯堡文化"。这些屯堡人居住的地方便是屯堡文化村。

■ 屯堡村落内的古老民居

关于这个村庄的建立，要从我国明朝初期说起。

1381年，为了维护大明王朝的一统天下，平定西南动乱，明太祖朱元璋在这一年派大将傅友德和沐英率30万大军征南，经过3个月的战争，平定了动乱。

经过这次事件，朱元璋认识到了西南稳定的重要性，于是命30万大军就地屯军。

为了巩固征南战争的胜利成果，使屯戍士兵安心边陲，朱元璋又以"调北填南"的举措，从中原、湖广、江南等省强行征调大批农民、工匠、役夫、商贾、犯官等迁来黔中，名为"移民就宽乡"。

发给农具、耕牛、种子、田地，以3年不纳税的优惠政策，就地聚族而居，与屯军一起，进一步壮大了屯堡的势力，形成军屯军堡、民屯民堡、商屯

■ 屯堡村落内的古院落

傅友德 明朝开国名将。元末参加刘福通军，随李喜喜进入四川。旋率部归朱元璋，1367年从徐达北上伐元，第二次北征北元七战七胜而平定甘肃，第四次北征北元以副帅之职连败元军，第五次北征北元任副帅职，第七次北征北元以副帅之职大胜元军，后与汤和分南北两路取四川，朱元璋盛赞傅友德功勋第一。

商堡，构成安顺一带独特的汉族社会群体——安顺屯堡。

这些人从此扎根边地，世代延续，形成现在散见于贵州各地的屯堡村落和屯堡人。

关于这段历史，在《安顺府志 —— 风俗志》中记载：

> 屯军堡子，皆奉洪武敕调北征南……散处屯堡各乡，家人随之至黔。屯堡人即明代屯军之裔嗣也。

在今天的安顺，许多大家族的族谱，记载均与史料相同。《叶氏家谱》载：

> 自明太祖朱元璋洪武初年被派遣南征。平服世乱之后……令屯军为民、垦田为生。

在漫长的岁月中，征南大军及家口带来的各自的文化与当地文化融合，经过600多年的传承、发展和演变，"屯堡文化"因此而形成。

屯堡文化既有自己独立发展、不断丰富的历程，也有中原

中原 是指以河南为核心延及黄河中下游的广大地区，这一地区是中华文明的发源地，被古代华夏民族视为天下中心。古人常将"中国""中土""中州"用作中原的同义语。一般认为，中原地区在黄河中下游流域，是古代华夏族的发源地，即今天的河南省。

082

■ 安顺屯堡里的胡同

文化、江南文化的遗存，既有地域文化特点，又有中国传统文化的内涵。

■ 屯堡村落内的古老民居

一方面，他们执着地保留着其先民们的文化个性。另一方面，在长期的耕战耕读生活中，他们又创造了自己的地域文化。

屯堡人的语言经过数百年变迁未被周围的语言同化；屯堡妇女的装束沿袭了明清江南汉族服饰的特征；屯堡食品具有易于长久储存和收藏，便于长期征战给养的特征；屯堡人的宗教信仰与中国汉民族的多神信仰一脉相承；屯堡人的花灯和曲调还带有江南小曲的韵味；屯堡人的地戏原始粗犷，对战争的反映栩栩如生，被誉为"戏剧活化石"；屯堡人以石木为主营造的既高雅美观又具独特防御性的民居建筑构成安顺所特有的地方民居风格……

花灯 又名灯笼、彩灯，是我国传统农业时代的文化产物，兼具生活功能与艺术特色。在我国古代，其主要作用是照明，由纸或者绢作为灯笼的外皮，骨架通常使用竹或木条制作，中间放上蜡烛或者灯泡，成为照明工具。它是汉民族数千年来重要的娱乐文化，它酬神娱人，是汉民族民间文化的瑰宝。

■ 屯堡地戏面具

安顺屯堡文化最具有代表性的要数西秀区七眼桥镇以云山、本寨、雷屯为主的云峰屯堡文化风景区。

该景区位于安顺市东面处，景区自开发以来，引起了国内外专家学者的重视，他们认为云山、本寨的明代古城墙、古箭楼、古巷道、民宅、古堡等，保存良好，具有较高的学术价值和旅游价值。

阅读链接

除史书记载外，众多家谱的记载，足以证实安顺屯堡人实系"明代屯军之裔嗣"。随着时代的变迁、屯田的废除、移民的拥入，本来意义上的屯堡有所扩大，在以安顺为中心，东至平坝，西至镇宁和关岭，南至紫云，北至普定，方圆1300多平方千米的土地上，散布屯堡村寨达数百个，人口有约30万人。

明朝皇帝"养兵而不病于农者，莫如屯田"的举措，不仅实现了明王朝镇压反叛、巩固统治的军事目的，而且屯军移民带来的江南先进耕作技术，也促进了安顺的发展。

以石木结构为主的石头城堡

　　从贵阳市往西行进约70千米，进入安顺市所辖平坝县范围内，路两侧可见山谷盆地间绿树掩映着一片片银色的石头建筑的世界。

　　那就是屯堡人用岁月的钢凿打造的赖以生存的自由空间的屯堡村

■ 屯堡民居的院内布局

寨，以它无声的语言向人们讲述600年来的风云聚会与坎坷历程。

这些屯堡村落以屯、堡、驿、哨、所、旗、关、卡等命名，体现出军事建制特征，并相对集中分布于以安顺为中心的1300多平方千米的土地上，大小300多个，人口达30多万人，成为一个与周边少数民族和其他汉族迥然不同的文化社区。

依山傍水建造的一栋栋石木结构的房屋，错落有致，连片成趣。走进村寨，那"石头的路面石头墙，石头的瓦盖石头房，石头的碾子石头的磨，石头的板凳石头缸"的石头世界，令人赞叹。

屯堡民居最大的特点是石头的广泛应用。一户民宅就是一座石头的城堡，一个村庄就是一座纯粹的石头城，屯堡是一个防御敌人的整体，而屯堡民居就是组成这个整体的每一个细胞，既可以各自为战，又可

■屯堡地戏

■ 屯堡民居的院内
布局

以互相支援友邻，既保证一宅一户私密性和安全感，
同时又维系各家之间必要的联系。

　　屯堡建筑把石头工艺发挥到极致，从高向下放眼
望去，白晃晃的一片，错落有致。

　　屯堡民居建筑成四合院，既有江南四合院的特
点，又有华东四合院的布局，但最突出的特点是全封
闭的格局。

　　这些房子从燕窝式到城堡式到城堡碉堡连接体
式。在各种式样的独立庭院中，天井不仅是家庭活动
的场地，更是防止进犯敌人纵火的措施。屯堡人的建
筑观念是把防卫放在首要的位置上。

　　在房屋平面布局上，屯堡民居强调中轴对称、主
次分明，屋面覆盖的石板讲究美学的几何结构，体现
了儒家思想的平稳和谐、包容宽纳的审美观念。

　　其住房分配既讲究实用性又充分体现内外、长
幼、主宾的儒家纲常伦理，从而制约和维系着家庭和

天井 四面有房
屋、三面有房
屋，另一面有围
墙或两面有房屋
另两面有围墙时
中间的空地。天
井是南方房屋结
构中的组成部
分，一般设在单
进或多进房屋中
前后正间中间，
两边为厢房包
围，宽与正间
同，进深与厢房
等长。天井不同
于院子，因其面
积较小，光线被
高屋围堵显得较
暗，状如深井，
故名。

■ 狭窄的胡同

垛口 指城墙上的矮墙前方突起的部分。可用来作为守御城墙者在反击攻城者时的掩蔽之用。具体构造是：从墙上地坪开始砌至人体胸腹部高度时，再开始砌筑垛口。垛口一般砌筑成矩形。垛口上部砌有一个小方洞即瞭望洞。下部砌有一个小方洞，是张弓发箭的射孔。射孔底面向下倾，便于向城下射击敌人。

社会的人际关系。

民居建筑分朝门、正房、厢房，朝门呈雄伟的大"八"字形，两边巨石勾垒，支撑着精雕的门头，门头上雕有垂花柱或面具等装饰品。

正房高大雄伟，在木质的窗棂、门簪上雕刻着许多象征吉祥如意的图案。厢房紧依正房两边而建，前面为倒座，形成四合，中间为天井，天井是用一尺厚的石头拼成，四周有雕刻着"古老钱"的水漏图像。

石头建筑的屯堡民居，具有强烈的军事色彩，村寨内部的巷子互相连接，纵横交错，巷子又直通寨中的街道，形成"点、线、面"结合的防御体系。

靠巷子的墙体，还留着较小的窗户，既可以采光，又形成了遍布于巷子中的深邃枪眼。同时，低矮的石门，有一夫当关、万夫莫开的军事功能。

这一切无不显示，当时战争所需的建筑构式和屯军备武的思想。现在屯堡村寨中，至今残存着许多垛口、炮台供人们欣赏。

屯堡建筑的选地是很讲究风水理论的。靠山不近山，临水不傍水，地势干燥，视野开阔，水源方便。左右有大山"关拦"，坐向以南北为宜，要符合"前朱雀，后玄武，左青龙，右白虎""山管人丁水管财"的五行学说要求。

对于屯堡人来说，传统的天文地理对人生命运的影响是至关重要的，被视为"万年龙窝"的居住屋，如果不讲究风水，不注重相生相克，不仅会影响自身的财源命运，还会牵连到全村寨的兴旺发达。这种习俗心理无疑对促进屯堡人的内聚力起到无形的作用。

另一方面，在现存的安顺屯堡文化区，共有300多个屯堡村寨，现存屯堡文化保存较完整的主要是安顺市西秀区大西桥镇的九溪村，七眼桥镇"云峰八寨"中的本寨、云山屯，平坝县的天龙镇。

其中，号称"屯堡第一村"的九溪村坐落在九溪汇流的河边，是安顺屯堡文化区最大的自然村寨，清朝时有"九溪是座城，只比安平少三人"之说。这里的安平则是指平坝县城。

九溪村是屯堡文化最为深厚的地方。九溪村外的小李山上留有城堡遗迹。

五行 存在于我国古代的一种物质观，多用于哲学、中医学和占卜方面。五行指：金、木、水、火、土，认为大自然都是由这五行构成的，随着五行的兴衰，大自然发生变化，从而使宇宙万物循环，影响人的命运，是由于我国古代对于世界的认识不足而造成的。如果说阴阳是一种古代的对立统一学说，则五行可以说是一种原始的普通系统论。

■ 屯堡村落的砖石房屋

■ 屯堡传统服饰

照壁 古称萧墙，是我国传统建筑中用于遮挡视线的墙壁。照壁也有其功能上的作用，那就是遮挡住外人的视线，即使大门敞开，外人也看不到宅内。照壁还可以烘托气氛，增加住宅气势。照壁可位于大门内，也可位于大门外，前者称为内照壁，后者称为外照壁。

九溪看上去不像村，倒像小镇，有长长的商业主街，街上有屯堡风味餐饮店和银器、铁木等作坊，大多的小店、作坊都还保留着古老的石头柜台。屯堡古建筑就分布在主街两侧。

在现存的九溪中，原有的寨墙已被拆除，但在主街两侧都有深深的门洞，门洞上的半边式骑楼是守备点。街中段有口古井，井口石栏已被井绳磨出了一道一道痕迹。

穿过一个门洞，就进入曲折、仄狭的街巷，两边是片石砌成的高墙，墙上齐胸处留有十字形射击孔，民房都是两层楼，小小的窗户高高在上，完全是一种防御式建筑。

马家院、宋家院等较大的四合院另筑有防守门洞。四合院的内部已显得颇为破旧，石头墙内包裹了徽派建筑风格，一厅两厢一照壁，镂雕木格窗、刻花石柱础、木雕雀替。九溪原有5座寺庙，现存3座，龙泉寺的花灯古戏台雕刻精致。

平坝县天龙屯距贵阳市区50多千米，是目前最有名的屯堡。

天龙屯从元代起就是驿站和屯兵重地。从新建的牌楼进去，就进入天龙镇，转过弯，一处明代驿站茶坊引人注目，一身"凤阳汉装"的妇女当炉烹茶，老式茶坊灶具和几条方凳、粗陶碗，可以让人们领略到

真正的古茶坊韵味。

　　沿溪多为石砌柜台的商户人家，老人们三三两两地坐在桥头上闲聊。虽然整个镇区新老建筑杂陈，让人觉得遗憾，但跨过小桥钻入小巷还能看到明代军事机关重重的民居建筑概貌。

　　其中的九道坎巷要穿过狭窄低矮、两边布置枪眼的过街门洞。街尽头是文物保护单位天龙小学，仍然保留着明末清初的建筑风格。镇北残存着一段古驿道、一座古驿桥。

　　天龙屯周围的山上留下了大量的屯堡历史遗存：古城墙围绕天台山，从半山腰用垒石建起的城堡式伍龙寺古刹群下临绝壁，现在是全国重点文物保护单位，被建筑大师张开济赞为"中国古代山地石头建筑的一组绝唱"。

　　山背后有明朝军队的兵器加工场遗址；烟堆山上有明代

贵州民俗古村

屯堡文化村

■烽火台 又称烽燧，俗称烽堠、烟墩、墩台。古时用于点燃烟火传递重要消息的高台，系古代重要军事防御设施，是为防止敌人入侵而建的，遇有敌情发生，则白天施烟，夜间点火，台台相连，传递消息。是最古老但行之有效的消息传递方式。

■ 碉楼 是一种特殊的民居建筑特色，因形状似碉堡而得名。在我国分布具有很强的地域性。其形成与发展是和自然环境与社会环境综合作用的结果。它综合地反映了地域民居的传统文化特色。在我国不同的地方，人们出于战争、防守等不同的目的，其建筑风格，艺术追求是不同的。

烽火台残垒；龙眼山屯还有清朝时期修建的城墙、垛口、炮台、瞭望哨等残垣。

被称为"峡谷古城堡"云山屯是屯堡文化村落中最完整地保存着石砌屯门、城楼、垛口、寨墙等古代军屯防御设施的村寨。

云山屯坐落在云鹫山峡谷中，寨前古树浓荫，两山夹峙，山势险峻，仅有一条盘山石阶可进入屯门，门洞深数十米，上有歇山顶箭楼高耸雄踞。

屯门两侧依据山岩地势砌成高6米、长十数米的石墙连接悬崖，并如长城般在两侧陡峭的高山上蜿蜒合围。各显要位置分布14个哨棚。一条东西向石头主街纵贯全村，街两侧有高台戏楼、财神爷庙、祠堂以及老字号"德生昌"中药铺。

数条弯曲的小巷巧妙地将各家各户串联起来，住宅、碉楼等大部分建筑依山势的起伏呈阶梯状分布于两侧山腰，整个村落布局、道路设施和院落结构绝妙地完成了三重封闭性防御体系。

历史上这里曾商贾云集，现在店铺已不足百户，而且夹杂了不少新建筑，影响了景观的整体性。

屯堡文化村的本寨村落背靠云鹫峰，左右两边分别是姐妹顶山和青龙山，而宽敞清澈的三汊河，成为本寨正面的天然屏障。

这座村寨虽不大，但屯堡建筑格局保存最完整，现代建筑最少。在寨外远远望去，就能看到一片石板瓦顶上高耸着七八座碉楼。

本寨村的四合院建筑比九溪村考究，因年代没有九溪那么久远，因而内部结构都还比较完好。钻进窄窄的巷道，穿过一户人家的过厅，天井对面突然耸起

祠堂　是族人祭祀祖先或先贤的场所。祠堂有多种用途。除了"崇宗祀祖"之用外，各房子孙平时有办理婚、丧、寿、喜等事时，便利用这些宽广的祠堂以作为活动之用。另外，族亲们有时为了商议族内的重要事务，也利用祠堂作为会聚场所。

■ 身穿明代服饰的屯堡村民

美人靠 是徽州民宅楼上天井四周设置的靠椅的雅称。也叫飞来椅、吴王靠，学名鹅颈椅，是一种下设条凳，上连靠栏的木质建筑，因向外探出的靠背弯曲似鹅颈，故名。古代闺中女子轻易不能下楼外出，寂寞时只能倚靠在天井四周的椅子上，遥望外面的世界，或窥视楼下迎来送往的应酬，故雅称此椅为"美人靠"。

■ 屯堡村落的传统民居

一座带有围墙的碉楼，碉楼的炮眼正对门厅。转过围墙是碉楼正门，垂花门楼，门楼上部还有供人休息的"美人靠"。

走进碉楼，是一个小小的下沉式天井，天井中用片石砌出八卦图案，四周用青石筑起半米多高的屋基，两侧是半圆形雕花台阶，通主房的石级雕刻了精美的吉祥图案，连石屋基的侧面也刻有图案，房主可谓费尽心机。

主房和碉楼连成一体，楼梯在主房后部，无法进去。据估计，碉楼原为主人住宅，外围的厢房是下人住房。碉楼后还留有一段高高的石头寨墙。

在屯堡文化古村，除了与众不同的建筑群体之外，还有特色的娱乐、语言、服饰、宗教信仰和饮食等屯堡文化。

在娱乐方面，屯堡人的活动主要有地戏、花灯和

■ 屯堡村落的石头房屋

唱山歌。地戏可以说是屯堡文化中最具魅力的民俗奇观，它与屯堡人亦兵亦农的生活紧密相连，是屯堡人情感的张扬和寄托。

屯堡人尊崇儒、道、释之教义，以儒教为主，释、道为辅，坚持忠君报国、忠孝传家、仁义待人、尊老爱幼的儒家道统。

在语言方面，屯堡人始终坚持自己的江淮母语特征，发音中翘舌音和儿化音很明显，日常口语对话中大量使用谚语、歇后语和圆子话，显得生动活泼、幽默有趣。

在衣饰方面，屯堡妇女坚持古朴健俏的"凤阳汉装"，穿长衣大袖、系青丝腰带、穿鞋尖起翘的绣花鞋，头上绾圆髻，别银钗玉簪，保存了江淮古风。

在饮食习俗方面，屯堡人创造了自己的特色食品，如鸡辣子、腊肉血豆腐、油炸山药块和松糕、枣

歇后语 是我国人民在生活实践中创造的一种特殊语言形式，是一种短小、风趣、形象的语句。它由前后两部分组成：前一部分起"引子"的作用，像谜语，后一部分起"后村"的作用，像谜底，十分自然贴切。在一定的语言环境中，通常说出前半截，"歇"去后半截，就可以领会和猜想出它的本意，所以就称为歇后语。

■气派的大门

子糖、窝丝糖等。

总之，屯堡文化是一种个性鲜明、内涵深邃的地方文化。是江南文化在贵州高原不可多得的历史遗存，其中许多现象值得深入研究。

2001年，国务院将至今保存最为完整的屯堡村落云山屯、本寨古建筑群批准为全国第五批重点文物保护单位。

2002年，在安顺七眼桥镇出土的明代率军南征将军傅友德、沐英将军捐资建庙的石碑，证实了屯堡文化古村的来历。

2007年，七眼桥镇以"规模最大的保存最完整的明初文化村落群——屯堡"被列为世界吉尼斯之最。

阅读链接

在屯堡文化村落，还有与众不同的宗教文化。

屯堡人所信奉的神灵主要是以历史上有关军事方面的人物以及汉族所普遍崇拜的诸般信仰。如崇拜关羽、道士、巫婆、阴阳端公、山神等。

每逢农历五月十三日，屯堡人便要举行一次大规模的"迎菩萨"活动。彼时，各个村寨的屯堡人都举着用木头雕刻的"关圣帝"塑像，游场串坝，以供人瞻仰。

在屯堡。几乎每个村寨的大姓家族都设有祠堂、祭庙。而每家的堂屋正壁上均设有神龛，神龛下面又设置有神坛。

屯堡人供奉的神龛显得丰富而又复杂。既有佛教人物，又有坛神赵侯，还有祖先及有关诸神。在屯堡，随处可见大大小小的庙宇。

位于广西壮族自治区灵山县，县城东郊外有一座号称"中国荔枝之乡的荔枝村""水果之乡的水果村"的大芦村。此村内外，从山坡、田垌到农家的庭院，满目果树葱茏，一年四季花果飘香。

大芦村始建于1546年，是广西目前较大的明清民居建筑群之一。古村内古宅共有9个群落，分别建于明清两代。最宝贵的是这里藏有300多副明、清时期创作的传世楹联，有着珍贵的人文历史研究价值和欣赏价值。

广西楹联第一村

大芦村

山东劳氏祖先始建大芦村

　　大芦村位于广西灵山县县城东郊，是广西3个著名古村之一。此村庄以古建筑、古文化、古树名列广西3个古村镇之首，具有民宅建筑古老、文化内容丰富、古树参天、生态环境良好这4个特点。

村子柱石上的浮雕

■ 大芦村民居的古
院落

　　相传，大芦村这里原本是芦荻丛生的荒芜之地，15世纪中期才开始有人烟，经过该村劳氏先民们的辛勤开发，到17世纪初已发展建设成为拥有15个姓氏人家并和睦共处的富庶之乡，为了使后辈不忘当初的创业艰辛，故而给村子取名"大芦村"。

　　大芦村的村内多以劳姓为主，而其祖先劳氏就是大芦村的创始人。据当地族谱的记载和口碑资料，大芦村劳氏先祖原在山东蓬莱洲的墨劳山，依山而姓"劳"。自隋朝进入中原寓居山阴。

　　宋末元初辗转到灵山县。明嘉靖年间，一位名叫劳经的儒生在大芦村建了镬耳楼，他的后代又建了三达堂等8组建筑群落。

　　各个群落的围墙内分别因地势由内而外依次递低的三五个四合院串联。每个群落内对长幼起居，男女、主仆进退都有严格的规定。

儒生　指我国封建时期官名。在上古时代儒生是专门职业人才，从事国家祭祀的礼仪，也就是祭司。到孔子的时候，集历代之大成，整理了《易经》《尚书》《礼乐》《诗经》《春秋》五大经典，也称"五经"。狭义儒生指信奉这些儒家经典的人，广义儒生指精通经典和知识渊博的读书人。

■ 狭窄的胡同

古村佳境

人杰地灵的千年古村

柱础 是我国古代建筑构件的一种，又称礩盘，或柱础石，它是承受屋柱压力的垫基石，凡是木架结构的房屋，可谓柱柱皆有，缺一不可。我国古人为使落地屋柱不因潮湿腐烂，在柱脚上添上一块石墩，就使柱脚与地坪隔离，起到绝对的防潮作用；同时，又加强柱基的承压力。因此，对础石的使用均十分重视。

建筑群落的房梁、柱础、檐饰、木雕寓意吉祥，构图精美，彰显"十里不同风，百里不同俗"的习俗，堪称当时社会历史的缩影。

现存的大芦村劳氏古宅共有9个群落，从1546年至1826年才逐步完成。

劳氏先人自建造第一个宅院伊始，就刻意营造与周围环境和谐协调的优生养息氛围。"艺苑先设"，"健融凌云"，优良的生态环境和优秀的人才造就，相得益彰。

到19世纪末，人口累计总数不足800人的大芦村劳氏家族，拥有良田千顷，培育出县、府儒学和国子监文武生员102人，47人出仕做官，78人次获得明、清历代王朝封赠。富而思进，科宦之众，使得这个家族的基业得到不断的充实和扩展。

现在，古意盎然的大芦村是一座座已有百年以上历史的青砖建造的大宅院，院内雕梁画栋，古色古香。村边和村外，从山坡、田垌到农家的庭院旁，则是满目果树葱茏，一年四季花果飘香。几百年来的蓬勃发展使大芦村逐渐成为一个有着将近5000人口的大村场。

这些古宅都根据地形傍山建设，山环路转，并且都是在宅前低洼地就地取材挖泥烧砖烧瓦，之后附形造势，蓄水为湖。

各居民点间以几个人工湖分隔，相距咫尺，又可守望相助，而且又各以始建时所在地的物产或地形标志命名，如樟木屋、杉木园、丹竹园、沙梨园、荔枝园、陈卓园、榕树塘、水井塘、牛路塘等。

同时，每当家族添丁，芦村人又必定依照灵山传统习俗，栽种几棵品种优良的荔枝树，因此形成了现

国子监 我国隋朝以后的中央官学，为我国古代教育体系中的最高学府，又称国子学或国子寺。明朝时期行使双京制，在南京、北京分别都设有国子监，设在南京的国子监被称为"南监"或"南雍"，设在北京的国子监则被称为"北监"或"北雍"。

■ 砖石结构的古窗

人工湖 指用于拦洪蓄水和调节水流的水利工程建筑物，可以用来灌溉和养鱼。在某些地方，人工湖是以一种景观、建筑等方式存在的。这类湖一般是人们有计划、有目的挖掘出来的一种湖泊，非自然环境下产生的。它体现了人类利用和改造自然的智慧。大芦村内的众多湖泊以人工湖居多。

在所见的一系列由大大小小的人工湖分隔开来，湛水蓝天，绿树古宅相映成趣，占地面积3万多平方米，具有岭南建筑风格，荔乡风韵的古宅群。

不过，大芦村古宅群积淀的民俗文化，最惹人注目的是那些传世楹联，也就是我们俗称的对联。据考证，大芦村的古宅中有300多副明清时期创作，世代承传，沿用至今的楹联。

古宅中人逢年过节或喜事庆典，总是用鲜墨红纸将传世楹联重书一番，郑重其事地贴在约定俗成的位置上，几百年里从不更改。在我们现代人看来，这是一道古朴清新、琳琅满目的民俗文化风景线，可在古宅中人心里的分量，那是先辈的遗泽，情感的寄托。

这些传世楹联，教诲人们修身养性，严于律己；劝导人们立身处世，德才为先；晓谕人们笃学励志，利己利国。

大芦村的古宅中人用楹联把门面、厅堂"包装"

■ 大芦村内独特的马头墙

起来，不仅仅是"孤芳自赏"和家人受益，他们耳濡目染，潜移默化，陶冶情操，奉为行为规范，形成传统风尚。

这些传世楹联在过去几百年里以其独特的艺术感染力，曾经使乡亲邻里向感共染，产生共鸣，同获教益。是大芦村人自我勉励、自我教育的有力工具。在现在客观上仍然起到激励人、联络人、团结人的社会教育作用，具有促进树风村貌，推动人们与时俱进，发展生产经济的社会感应功能，具有普遍的教育性和实用性。

砖石结构的柱子

阅读链接

由劳宏道于1684年栽种在三达堂古宅前西侧的两棵香樟树以及位于村后的以北斗七星布局的七棵大毕木，是大芦古宅以外又一道耀眼的风景，这些参天的古树都见证了大芦古宅的辉煌和变迁！

就像记载着大芦村历史的一本本古书，无声地倾诉着古宅中漫长的历史；想当初，大芦古宅中人，种植这几棵樟树和毕木，除了以毕木来弥补"背后靠山"不足以外，其中还隐含了一种"笔（毕木）墨（村前池塘）文章（樟树）"的地理文化环境。

如今，这些古树大的要十几个、小的要五六个成年人才能合抱，但其仍然长得枝繁叶茂，生机盎然，且庄严肃穆，令人起敬。

著名的明清古建筑和楹联

　　规模宏大的大芦村明清古建筑群，是大芦劳氏祖先自明朝嘉靖年间迁至大芦村后，创业守承，逐年建立的。这些建筑群虽然历经了几百年风雨洗礼，至今仍完整地保持着明清时期岭南建筑风格。

　　最具典型的建筑是镬耳楼、三达堂、双庆堂、东园别墅、东明堂、蟠龙塘、陈卓园、富春园和沙梨园九个群落，以及中公祠堂。

■别具一格的马头墙

其中，劳氏祖居镬耳楼、三达堂、双庆堂3个院落均为东南朝向，平衡紧靠，组成一个民居区，三个院落之间有内门相通。东园为一个院落，坐东向西，自成一个民居区。两个民居区几近相望，中间有数个池塘相隔。

这些建筑群的主体部分居中，各有5座，每座3间，地势由头座而下依次递低。头座正中为一间神厅，其余各座中间为过厅，俗称二厅、三厅、四厅、前厅，两侧均为厢房。

■ 巷道内的门

由神厅至前厅为整体建筑物的中轴线，两侧的建筑物皆成对称结构。座与座之间，中部为天井，两侧为耳房，不仅利于采光，且形成一个四水归堂寄托聚财观念的格局。

附属建筑部分，由两旁及后背连成一个凹形的廊屋，前面有堡墙及堡门。两侧廊屋与主体之间各有一条甬道，并有横门相通，神厅后背及大门前各一个长方形围院。

屋顶结构主体部分为硬山顶，廊屋为悬山顶。个别过厅内有柱架或设有内檐。建筑材料多用土砖、火砖、木材、陶瓦、石块等，人们在檐房、斗拱、柱础、屏风、门窗等构件的雕刻上十分讲究，内容也非常丰富。

硬山顶 即硬山式屋顶，是我国传统建筑双坡屋顶形式之一。房屋的两侧山墙同屋面齐平或略高出屋面。屋面以中间横向正脊为界分前后两面坡，左右两面山墙或与屋面平齐，或高出屋面。高出的山墙称封火山墙，从外形看也颇具风格。常用于我国民间居住建筑中。

■ 大芦村民居屋顶
上的顶瓦

庠生 在我国古代，把"学校"称"庠"，称"学生"为"庠生"，是明清科举制度中府、州、县学生员的别称。庠生也就是秀才之意，庠序即学校，明清时期叫州县学为"邑庠"，所以秀才也叫"邑庠生"，或叫"茂才"。秀才向官署呈文时自称庠生、生员等。

大芦古村传统建筑群的厅门、堂内和楼房等处悬挂的牌匾均是清朝时期所遗留下来的。这些牌匾雕刻手法不同，尺寸大小不一，皆有深刻的历史背景和文化内涵。

建筑材料有土砖、火砖、木材、陶瓦、石块等，装饰讲究，梁柱、斗拱、檐沿、墙头、柱础、屏风、门窗等有许多精美的艺术装饰。此外，厅门、堂内及楼房等处还悬挂牌匾多块，有诰封匾、贺赠匾、科名匾、家训匾等。

这九个古建筑院落的建筑布局严谨，构思巧妙，功能合理。木构架榫衔接，梁柱檩椽组成框架，抗震性好，空间上主次分明，内外有别，进出有序。

主建筑镶耳楼的结构功能最齐全，恪守规制，透露出浓烈的封建家族宗法观念气息，什么身份的家庭成员住哪种房间，从哪个门口进出，走哪一条路线，泾渭分明。

大芦村的9个古建群中，镶耳楼是大芦村劳氏家族的发祥地，即祖屋，又名"四美堂"。其建筑布局按国字形建造，由前门楼、主屋、辅屋、斗底屋、廊屋和围墙构成。1546年始建，1641年于前门楼和主屋第二进营造镶耳状封火墙，至1719年完成这一群落的整体建设。

镶耳楼具有浓烈的宗法制度气息，这与其屋主的身份地位不无关系。该楼的始建者劳经，在明朝嘉靖年间为县儒学庠生，大芦劳氏第四代世祖劳弦于明朝崇祯年间考选拔贡，由国子监毕业后，授内阁中书舍人，不久升用兵部职方司主政，并准请朝廷封赠三代祖先，将祖屋第四进"官厅"和前门楼的封火墙建成镶耳把手形，镶耳楼由此得名。

镶耳楼除在建筑结构上体现了宗法的严谨，从其悬挂的楹联也能看出当时家教森严，如在祖屋四座檐

兵部职方司主政　兵部，是我国古代官署名，六部之一。职方司，全称"职方清吏司"，是明清兵部四司之一。掌理各省地图、武职官之叙功、核过、赏罚、抚恤及军旅之检阅、考验等事。至清朝时，兼掌关禁、海禁。主政，为各部官中最低一级，掌章奏文移及缮写诸事，协助郎中处理该司各项事务。

107

广西楹联第一村

大芦村

■广西灵山大芦村

■ 民居屋顶

镬耳 镬，是古时的一种大锅，镬耳屋，因此亦称"锅耳屋"。镬耳状建筑具有防火，通风性能良好等特点。火灾时，高耸的山墙可阻止火势蔓延和侵入；微风吹动时，山墙可挡风入巷道，进而通过门、窗流入屋内。民间还有"镬耳屋"蕴含富贵吉祥，丰衣足食一说。镬耳屋以广府风格的民居建筑为主要代表。

柱上，有这样一副对联：

天叙五伦惟孝友于兄弟；
家传一忍以能保我子孙。

在祖屋四座顶梁上，又有这样一副对联：

知稼穑之艰难克勤克俭；
守高曾其规矩不愆不忘。

祖屋四座川柱上的对联，这样写道：

勤与俭治家上策；
和而忍处世良规。

镌耳楼因其两边山墙形似铁镌两边的耳朵而得名。明清时期的钦州灵山，官越大，屋山墙上的镌耳越大，这是其住宅的一种标志。

大芦村的劳氏第四代劳统在明末时期任三品官，所以屋山墙上的镌耳特别壮观。几百年来，大芦村的镌耳楼因其屋山墙的耳大而流传广泛。

大芦村的三达堂是古村内劳氏老二房发祥地，原名"灰沙地院"，是1694年至1719年建造的，占地4400平方米。

1746年大芦村劳氏开基200周年之际，老二房以孙子辈首发三支，对应当时由老长房居住的祖屋称为"四美堂"，取达德、达材、达智之义为居所起堂号"三达堂"，寓意"三俊"。

大芦村的双庆堂为大芦劳氏第十代的劳常福、劳常佑兄弟俩亲建于1826年，寓意"兄发弟泰，才行并关"，门户自成体系，而有过道相通，占地总面积约2900平方米。

房屋高广、宽敞、明亮，注重居所的实用性和舒适感。眷饰、檐饰、和椅、床榻、器具精工雕绘，讲究气派和排场。

镌耳楼的一角

院子里的夹墙

古村佳境

人杰地灵的千年古村

　　由于三达堂与双庆堂在建筑风格上均追求优雅与精致，于是在这两座建筑的堂内对联就比其他群落的对联雅气许多，如三达堂四座水柱外侧的对联为：

　　　　　　　堂上椿萱辉旭日；
　　　　　　　阶前兰桂长春风。

　　三达堂横门及大院届门对联为：

　　　　　　　门前琪树双环翠；
　　　　　　　户外方塘一鉴清。

　　大芦村的东园别墅是劳氏第八代孙劳自荣建于1747年。此建筑群占地7750平方米，由前门楼，院落，三位一体的老四座、新四座、桂香堂及其附属建筑组成。

　　整体的布局犹如迷宫，局部的设置典雅别致，装饰工艺精湛，气氛祥和，是古代因地制宜营造法式和书香世家的综合体现。

东园别墅的建筑风格与其屋主劳自荣性情廉洁、器量宽宏、崇尚实行追求脱俗的性格相呼应，如：

上书房对联为：

涵养功深心似镜；
揣摩历久笔生花。

下书房对联：

鱼跃鸢飞皆性道；
水流花放是文章。

二座对联：

东壁书有典有则；
园庭诲是训是行。

对联 又称楹联或对子，是写在纸、布上或刻在竹子、木头、柱子上的对偶语句，其对仗工整、平仄协调、字数相同、结构相同，是一字一音的中文语言的独特艺术形式。对联相传起于五代后蜀主孟昶。它是中华民族的文化瑰宝。

■ 大芦村的古屋

■嘉庆皇帝（1760—1820），全名爱新觉罗·颙琰，原名永琰，清朝第七位皇帝，乾隆帝第十五子。年号嘉庆，他惩治贪官和珅，肃清了吏治。他在位期间清朝统治危机出现。他继续推行闭关锁国和重农抑商政策，导致清朝落后世界大潮，留下千古遗恨。

别墅的主人劳自荣自幼英敏，以诗文见长，20岁即创建犹如迷宫似的"东园别墅"。别墅内张挂的对联为：

积善之家必有余庆；
资富能训唯以永年。

古村佳境

人杰地灵的千年古村

据说，这副对联是嘉庆皇帝的御师冯敏昌创作并亲笔书写赠给劳自荣的。劳自荣59岁任修职佐郎时，与老乡冯敏昌在京城相会认识，并结为忘年之交。于是，冯敏昌便书写了上面这副对联赠予劳自荣。

劳自荣对冯敏昌的墨宝珍惜有加，带回家后，填其真迹在木板

■大芦村民居的正房

上，雕刻制成凸金字匾，作为故居第五座的顶梁对。

大芦村古建筑群，蕴含着丰厚的民族文化，而楹联文化在其中占了很大的分量。

如果将大芦村的古建筑看作一幅风景画，那么那些挂于门楣、楹柱上的楹联绝对是其中的点睛之笔。

现在，人们在大芦村共搜集到新老楹联共173副，这其中有自明清以

来沿用了数百年、位置相对固定的古联。这些对联的内容涉及天文、地理、历史、生活等多方面。从内容上来看，可分为祖籍联、春联和其他联三大部分。

其中，祖籍联可分为大门对和顶梁对两种；春联可分为福、禄、寿、喜联，平安吉祥联，迎春接福联，心愿期望联，孝悌报国联，安居乐业联和勤俭持家联，劝学长志、修身养性和乐善好施联，以及天伦礼仪和和睦相处联八种；其他类分为堂室联、祝寿联和挽联等。

■房屋的门窗

祖籍大门联，如镬耳楼的大门对联为：

武阳世泽；江左家风。

双庆堂的大门对联为：

书田种粟；心地栽兰。

大芦村的顶梁对多是写家族祖先的功德和勋劳的。如镬耳楼太公座顶梁对联为：

祖有德宗有功惟烈惟光永保衣冠联后裔；
左为昭右为穆以缯以袍长承俎豆振前徽。

楹柱 建筑名词，专指古代大型建筑门前的两根柱子。如大殿门前左右各一根立柱，威武而有气势。另外，这里的"楹"在我国古代常做计算房屋单位的量词，一列为一楹。门楹则指堂屋前部的柱子。古人习惯把对联贴到楹柱上称为"楹联"，即对联。

楹联是我国文学艺术的组成部分，也是建筑艺术的组成部分。它还可以融书法、雕刻的技巧为一体，美化建筑的形象，给人们以美的享受。

综观大芦村这些延续了几百年的传世楹联，既有写景状物，抒情寄怀的；也有教诲人们修身养性，严于律己，持家报国的。这些对联传承了劳氏家族治家、治学和为人处世的理念。它们是一道古朴清新、琳琅满目的民俗文化风景线，是古宅群内丰厚的文化积淀。为此，1999年，大芦村被授予广西"楹联第一村"荣誉称号。

此外，在大芦村宅院的前后、水岸边，还有众多吸纳了几百年日月精华和山水灵气的荔枝树、香樟树、毕木树，它们树皮苍裂，斑斑驳驳，枝杆如虬，或高大挺拔，或曲杆而探枝，苍翠盘郁，就像一座座巨型盆景，似一幅幅立体的图画，如一首首具有生命的诗歌。

2005年大芦村被国家旅游局评为"全国农业示范点"。2007年，再次被国家旅游局评为第三批"历史文化名村"。

阅读链接

在大芦村，除了拥有古老的建筑群、对联和古树之外，还保留着许多特别的风俗习惯。自从1659年在北京兵部职方司主政任上急流勇退的第四代祖劳弦，在渡洞庭湖遭遇狂风暴雨大难不死，每年农历七月十四全族吃茄瓜粥"以示不忘祖德"，至今不改。

每年农历八月十八 "大芦村八月庙"的晚上，在镂耳楼和三达堂背后参天毕木下，古宅中人世代传授的"老师班"，在月光下，敲锣打鼓吹唢呐，戴着面具"跳岭头"，亲朋好友及乡里乡邻，欢聚一堂。

党家村位于陕西省韩城市区东北，泌水河谷的北侧，呈葫芦的形状。是国内迄今为止保存最好的明清建筑村寨。被称为"东方人类古代传统居住村寨的活化石"。

该村始建于1331年，距今有670年的历史，全村绝大部分为党姓和贾姓。党家村的民居四合院为韩城民居的典型代表，党家村在清代因农商并重经济发达则又被称为"小韩城"。

古民居活化石

党家村

以四合院建筑的民居闻名

陕西是中华民族发祥地之一，这块土地曾是西周、秦、汉、隋、唐等13个朝代建都的地方。

韩城地处陕西东部黄河之滨，古有"关中四塞之国""秦塞雄都"等美誉，是一座历史文化名城，又是伟大的文学家、史学家司马迁的

■鸟瞰党家村

故乡。在韩城东北方向，有一座被称为"东方人类古代传统居住村寨的活化石"的村庄，它的名字叫党家村。

关于这座村庄的来历，还要从元朝至顺年间说起。

1331年，党族始祖党恕轩由陕西省原朝邑县逃荒迁至此定居。党恕轩迎娶了邻村樊氏女为妻，生有四子，除四子君明赴甘肃河洲"屯田"未归外，长子君显为长门，次子君仁为二门，三子君义为三门。他们都人丁兴旺，绵延至今，已传25世。

元末明初，贾族始祖贾伯通由山西洪洞迁居韩城，先栖居县城、贾村等处。其第五世贾连娶党姓女，生子贾璋。

1525年，贾璋以甥舅之亲定居党家村，兴家立业，他们仍奉贾伯通为始祖，也子孙繁衍至今，已传24世。从"辈分"来说，贾姓第六世相当于党姓第七世，相互兄弟相称，直至现在保持不乱。

清朝前期，党家村党贾两姓分几处在豫鄂交界的唐、白河流域经商。由于能抓住时机，经营得法，都取得了很大成功。

嘉庆、道光、咸丰三朝是党家村经济史上的黄金时代，据传往老家运送银两的镖驮络绎于道，号称

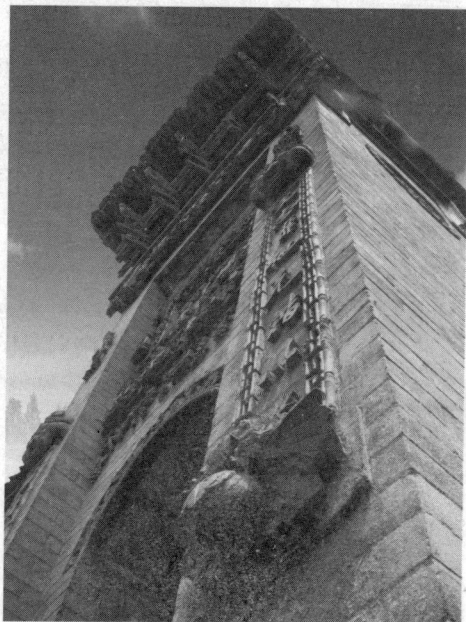

■ 门楼上的雕刻

朝邑县 《朝邑县志》载，"朝邑"一名始于540年，是因西靠朝坂而得名。朝邑古称临晋、五泉、河西、西塬、左冯翊。朝邑古城先建在朝坂塬上，后迁至朝坂塬下。遗址位于距大荔县16千米处黄河老岸崖下。1958年撤销朝邑县，并入大荔县，改为朝邑镇。

风水塔 塔是一种特殊建筑，属阳宅建筑之一。凡是有风水意义的塔，诸如镇山、镇水、镇邪、点缀河山、显示教化等，我们都称之为风水塔。风水塔一般修在水口，作为一邑一郡一乡之华表。有些塔是为了弥补地形缺陷。

■ 贞节牌坊 指古时用来表彰女性从一而终的门楼。通常是我国古代时用来表彰一些或死了丈夫长年不改嫁，或自杀殉葬，而符合当时道德要求，流传特异事迹的女性，为其兴建的牌坊建筑。

"日进白银千两"。与此同步，党家村翻旧盖新，进入了一个持续百年的修建四合院高潮时期，一并筑起了祠堂、庙宇、文星阁等配套建筑。

咸丰初年，村中集资筑建泌阳堡，同时建起了寨堡中几十座四合院。至此，党家村就以富有和住宅好闻名遐迩了。

这座古老的村庄，东自泌阳堡，西至西坊塬边，南起南塬崖畔，北到泌阳堡北城墙，总面积1200平方米。村里主要有党、贾两族，320户人家。

村中有建于680多年前的100多套"四合院"和保存完整的城堡、暗道、风水塔、贞节牌坊、家祠、哨楼等建筑以及祖谱、村史。

村中街道为"井"字、"T"字、"十"字形，用青石铺就。房屋建筑多为"四合院"和"三合院"。

其中，党家村的四合院一般都是一个独立的院

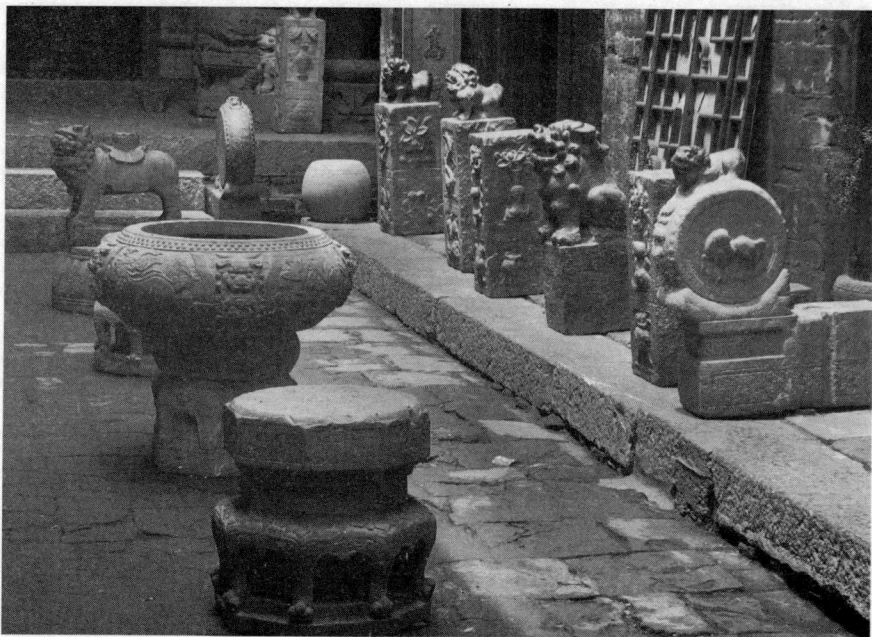

■ 院子里的石凳

落，占地四分，虽有带后院、偏院的，但数量较少。

上首的厅房和下首门房都将地基的横向基本占尽，两侧厢房嵌在二者之间，围在中间的院落比较狭窄。厅房门房前坡的大部分檐水，先要流入厢房山墙上用砖悬砌的紧承着屋檐的水槽，俗称"筒槽"，再流泻下来。也有的筒槽是檩上架椽、筒瓦包沟结构，高度与砖结构的相同，但要宽得多。院中全部青砖铺地。

四面房子的背墙和厅房门房的山墙一起，构成院子的界墙。即使有人得到一块较大的房基地，也都是遵循这一格局，只是两院三院地并排修建而已。党家村四合院的厢房，绝大多数是两坡水。

为节约地基，相邻院落间为厢房后坡檐水留的水道仅仅一尺来宽，檐水落地后直接排入巷道，或者拐

牌坊 又叫牌楼，是封建社会为表彰功勋、学业有成、为官清廉以及忠孝节义所立的建筑物。也有一些宫观寺庙以牌坊为山门的，还有的是用来标明地名的。牌坊的样子看起来像大门，宣扬封建礼教，标榜功德。一般情况下，牌坊都建在当道的地方。

■ 古村磨坊一角

堪舆家 古时为占候、卜筮者之一种。后专称以相地看风水为职业者，俗称"风水先生"。历来堪舆家公认的始祖是秦代的樗里子。相传晋代的郭璞著有《葬书锦囊经》，陶侃著有《捉脉赋》。所谓捉脉就是捉"龙脉"。后来流行最广的有《水龙经》等书籍。

入自家院中；有的甚而将两院厢房背墙筑得挨在一起，把水道修到墙顶上，后檐檐水由水道汇入筒槽后再分别下泻到自家院中。

跟北京四合院相比，北京四合院要大得多，面积一个抵这儿三五个，总有一个狭窄的前院，多带偏院，穿过"垂花门"才能进入内院，内院又是通道又是花树，要宽敞豁亮得多，除了临街一面，一般还有专门修筑的界墙。不论院子面积、院中格局，还是相邻院落间距离，差别都是很大的。

党家村四合院院门分墙门和走马门楼两类。墙门窄小朴素；走马门楼高大气派。门大多开在门房偏左或偏右的一间上，中门较少。

据说，家里出了有"功名"的人，才能开中门，所以中门外面，往往竖有旗杆。但是，有"功名"的人家多数并不开中门。

这里也有"堪舆家"所谓的"风水"问题，即中门直，易"泄气"，偏门曲，可"聚气"。就实用讲，中门面对巷道，路人可直接窥视堂奥，所以中门之内又设一道屏门，平时关闭，人走左右，有重要宾客，才开屏门迎送，而北京四合院的门，总开在门房右侧。

北京四合院的建筑工艺比较集中地显示在通向内院的"垂花门"上，党家村则比较集中在走马门楼上。走马门安在门房背墙内缩七八尺处，门外房下的空间称"外门道"。

外门道上有阁楼，阁楼向外一面堆叠起来的枋木称为门楣，门楣有略施藻绘，也有全部透花饰以枫拱和垂花的。两侧下起墙裙，上与门框等高处，用做有纹线的花砖圈出两方很大的"框壁"，框中用砖做成各种图案。

"框壁"外侧左右各有一根一半墙内一半墙外的通柱，柱下有石础，是逢年过节、红白喜事粘贴对联的地方。

党家村两柱外侧以及同列山墙，墙头都砌着宽约一尺的"螭头子"。"螭头子"呈弧形，支撑房檐，也起装饰作用。古书上把无角的龙叫"螭"。"螭头子"下部为座

门楣 古代社会正门上方门框上部的横梁，一般都是粗重实木制就。我国古代按照建制，只有朝廷官吏所居府邸才能在正门之上标示门楣，一般平民百姓是不准有门楣的，哪怕你是大户人家，富甲一方，没有官面上的身份，也一样不能在宅门上标示门楣，所以门楣是身份地位的象征。

古民居活化石

党家村

■ 党家村的古胡同

■ 党家村内的古老磨盘

神龛 也叫神椟，是放置神佛塑像和祖宗灵牌的小阁。神龛大小规格不一，依祠庙厅堂宽狭和神的多少而定。大的神龛均有底座，上置龛。神像龛与祖宗龛形制有别：神像龛为开放式，有垂帘，无龛门；祖宗龛无垂帘，有龛门。

斗，建筑师恨不能把自己满腹巧思全用在这座斗上。

座斗靠内一面与墙砌在一起，整体突出墙外，呈悬空状，雕刻的是外露的三面，外露部分又分两层同上层多为透雕须弥座，下饰流苏、云头等形状。上层多为二级"斗"形构件，能刻6幅画面。

年代较早的画面简单，如明朝、清朝前期多为卦爻符号之类。后来发展为瓶炉三事，盆景瓶子插，琴棋书画，人物故事等。至乾隆年间，艺术上可说是到了登峰造极的地步。调查统计得出，党家村走马门楼的"蛹头子"的样式有40多种。

门为黑色，配以红绿色门框。门上面为木质门匾，浮雕着诸如"耕读世家""安乐居""忠厚""文魁""登科""太史弟"之类的题字，白底黑字或蓝底金字，有的表白心志情趣，有的显示身份地位，书法刻工都十分讲究。

區下左右两个"管扇"头，雕成云头、莲花等样式，涂着金粉或银粉，点缀着门楼外观，增添了不少色彩。

门两边有"门墩石"，分方形、鼓形、兽形几类，方形、鼓形上也都雕有人物、禽兽、花卉等，形态生动逼真，临街有"上马石"，就近墙上安有"拴马环"，有的竖着"拴马桩"，为主人出入，宾客来往上爬乘骑骡马提供方便。因这几样设施，这种门楼才冠以"走马门"的大名。

门里房下空间称"内门道"的墙上，总筑有一个小神龛，用来供奉土地神。设在门房一侧的偏门式内门道的迎面山墙上，都有青砖浮雕，有的是字有的是景。字以"福""寿"为多，只雕一字，两米见方。

"福"字潇洒开放，"寿"字平和厚重，各自形态相同，当是出自昔日大手笔，辗转临摹而成。景则多以喜鹊、梅花及青松、仙鹤为题材，构图雕琢绝无雷同，皆取福庆长寿之意。

总之，党家村村落和民居建筑的特点是：选址恰当，环境优美，布局严谨，错落有致，曲直有序，主次分明，建筑精户，美观实用，风貌古朴典雅，文化气

123

■ 党家村内刻有寿字的影壁墙

息浓厚，具有历史、艺术、科学、观赏等价值。

党家村至今有保存完好的明清四合院125个，按照建筑年代和建筑质量可分为三级，其中一级26个，二级42个，三级57个。

从1364年东阳湾改名党家村至今，这批古建筑经久不衰，保存完好。是陕西目前发现的一处最大、最古老、保存最完整的古村寨。

英国皇家建筑学会查理教授认为：东方建筑文化在中国，中国居民建筑文化在韩城。

2001年，经国务院批准，党家村古建筑群被列入国家重点文物保护单位，并被列入"国际传统民居研究项目"，成为旅游参观的重地。2003年入选我国历史文化名村第一批名单。

古村佳境

人杰地灵的千年古村

阅读链接

党家村的四合院房顶不染尘，永远保持新净洁美，巷道也和水洗过的一样，无泥无沙，路面光亮。那么，这是为什么呢？经建筑学家考察认为，主要有几方面的因素：

一是地理位置优势，党家村位于泌水河谷，地势低，北边是高崖，具有挡风避尘作用，这儿常刮西北风，当风吹来时，尘土便随风落到河谷，被河谷之风吹走。

二是自然气流上升，河谷气温高于崖上塬地，使灰尘难以落下。

三是党家村所在的"宝葫芦"地形更温暖，绿树覆盖面多，地面扬不起尘埃。

四是建筑奇特，全村一律砖瓦房，四合院，杂草难长，且巷道全部青石铺路，无一处土路土墙，本身尘土很少。

五是优良民风民俗，家家户户"黎明即起，洒扫庭除"，扫门道不和外村一样，他们是由外向内扫，不许灰尘风扬巷中，尘土在四合院中垫厕之用。

村内其他知名的古建筑群

距今已逾600年的韩城党家村古建筑村落坐落在东西走向的泌水河谷北侧，所处地段呈葫芦形状，俗称"党圪崂"。

村内民居以四合院闻名，是韩城民居的典型代表。韩城在乾隆年间曾经被称为陕西的"小北京"，而党家村因农商并重经济发达则

■党家村牌坊

■ 党家村内的威武
石狮

五脊六兽 我国古代建筑里，起脊的硬山式、起脊的悬山式和庑殿式建筑有五条脊，分别为一条正脊和四条垂脊。正脊两端有龙吻，又叫吞兽。四条垂脊排列着五个蹲兽。统称"五脊六兽"。这是镇脊之神兽，有祈吉祥、装饰美和保护建筑的三重功能。五个蹲兽分别是：狻猊、斗牛、狮豸、凤、押鱼。

又被称为"小韩城"，可见当年盛况。

在党家村内，除了闻名的四合院建筑群之外，还有华美独特的节孝碑、高大挺拔的文星阁、见证历史变迁的菩萨庙和关帝庙，以及庄严的祠堂、神秘的避尘珠等，这些建筑群无不向人们诉说着党家村往日的兴盛与辉煌。

党家村的节孝碑是一处很独特的人文景观，此碑工艺卓尔不群。来到碑前，首先引起人们注意的是青石基座上两丈多高的碑楼。楼顶悬山两面坡式，檐上筒瓦包沟、五脊六兽。脊为透雕，横脊中部耸有一尊圆雕，为四面透风的两层小阁楼。

檐下结构为仿木砖雕，层层叠起的斗拱擎着檩条，檩上架着方椽。斗拱下面是横额"巾帼芳型"，额框由游龙、麒麟、香炉等图案的透雕组成。

额下雕刻尤为精美，总体栏杆形状，每两个立柱间为一画面，共4幅。

从东到西，第一幅雕着"喜鹊梅花"，取"喜上眉梢"之意；第二幅"鹤立溪水"，取"鹤寿千年"之意；第三幅为"奔鹿图"，"鹿"谐音"禄"，"奔鹿"意即求取俸禄；第四幅"鸭戏莲蓬"，莲蓬中生有很多莲子，此图寄寓愿后世人丁兴盛之意。

碑楼墙面十分平整，"清水式"砖缝横竖中绳。

古村佳境

人杰地灵的千年古村

墙砖比别处的要小，传说这是用锯截齐打磨平光后砌上去的。

两边墙上的对联与横额一样，是阳文砖雕。对联上方各砌有一个手捧"寿"字的人物深浮雕，据说左边凸睛翘须神情凶猛的叫徐彦昭，右边慈眉善目富态端庄的是杨侍郎，皆旧戏《忠保国·二进宫》中人物，都做过女主的保驾。对联虎口上衔，莲花下托。概括起来，整个碑楼可以说集党家村砖雕之大成。

碑青石质体，3.3米高，最高处透雕着三龙捧旨图案，中嵌"皇清"两字，碑的两侧有浮雕花边，远看隐隐约约，如同衬衣上的暗花，就近仔细辨认，方知为神话中的八仙，一边4个。碑文为：

旌表敕赠徵仕郎党伟烈之妻牛孺人节孝碑。

"旌表"意思是"表彰"。"敕"为诏命，皇帝的命令。"徵仕郎"是清朝从七品官员的品级，比县令稍低。"孺人"，夫人。横额"巾帼芳型"意为妇女的好榜样，是对牛孺人的褒扬。对联：

矢志靡他，克谐以孝；
纶音伊迩，载锡其光。

■党家村内的石头雕刻

127

古民居活化石

党家村

■ 党家村村头一角

阁楼 指位于房屋坡屋顶下部的房间。我国的文化精神特别重视人与自然的融洽相亲，楼阁就很能体现这种特色。天无极，地无垠，在广漠无尽的大自然中，人们并不安足于自身的有限，而要求与天地交流，从中获得一种精神升华的体验。

点明褒扬原因。这是赐给碑主的无上光荣。

节孝碑属于纪念碑，总是建在路边显眼的地方，和牌坊建于当道一样，为的是让世人瞻仰方便而已。党家村的节孝碑就位于村子东哨门外大路北侧，从村中到泌阳堡的党家村寨子，整日间来来往往的人总要从它面前经过。

党家村的文星阁是村中八景之一，位于村东南角，是一座七层阁楼式六角形砖砌宝塔。

这座宝塔，系1725年始建，光绪年间重建的。一层洞额书雕"大观在上"，二层为"直步青云"，三层为"文光射斗"，四层为"云霞仙路"，五导为"参笔造化"。

相传，当时建此塔的用意，是根据风水学说中"取不尽西北，补不尽东南"十个字的意思而构想的。一方面为促使党家村风脉兴旺，文风更盛，人才辈出，光前裕后；另一方面则含有防止村内好风流的秘密。塔的东南边无角无窗便是证据。

据说，文星阁塔原为木塔，塔内原供奉着党姓始祖塑像和牌位。重建砖塔后，一层至五层供奉着孔子、孟子、颜回、曾子、子思等木雕牌位，六层塑有奎星神像。

木塔始建于何朝何代，无法考证。传说为木塔因临近麦场，有一年夏天麦子上场后不慎失火，将木塔烧毁。

党家村内现存的文星阁是在光绪年间重建的，重建后，村内有20余家组织成立了"文星神会"，捐资作为基金，推选经理负责放贷收利，又负责春节、元宵节购置贡品、香、蜡烛、表、鞭炮等敬献神灵。

神会成员编组轮流在春节、灯节期间于文星阁每

■ 党家村四合院民居内景

古村内拴马石雕刻

层窗两边悬挂红灯，在第一层亭前挂火牌火对。远看如两串明珠灿烂地由空中吊下，极为壮观。

此外，在党家村，还有两个庙宇群，一为菩萨庙，俗称上庙，一为关帝庙，俗称下庙。不过，由于历史的变迁，这两座庙已经荡然无存，仅有下庙西面和南面两段围墙还执着地挺立在那儿，充当着历史的见证。

党家村的建筑艺术，体现了我国传统建筑是文学、道德、美学的融合，凝聚着一种潜在的乡村文化力量，是劳动人民在建筑装饰上创造的文明成果。

阅读链接

据说，党家村贞节牌坊的主人牛儒人，有着动人的守节故事。在埋葬自己的丈夫党伟烈之日，其妻牛儒人披麻戴孝，痛哭流涕，被人搀扶，随着起灵的队伍来到坟地。当灵柩下葬到墓穴内时，牛儒人跳下墓坑，想要和自己的丈夫一起死。后来，在人们的劝说下，她才活了下来。

葬了丈夫之后，牛儒人又独自承担了家庭的所有活儿，孝伟烈父母，贤慧至极。牛儒人二十年如一日，勤俭治家，尽行孝道，埋葬了两位老人，有人劝她改嫁或招夫，她坚心不动。

牛儒人终于用她的言行，赢得了封建时代贞节的荣誉称号，她死后，党家村的村民将她与丈夫合葬一墓，并呈报官府批准为她建立起这座贞节牌楼。

诸葛八卦村

诸葛八卦村，原名高隆村，位于浙江省兰溪市西部的群山中，是迄今发现的诸葛亮后裔的最大聚居地。该村是由诸葛亮的第二十七世孙于元代中后期营建。至今已有600多年的历史了。

该村地形中间低平，四周渐高，形成一口池塘。村中建筑格局按"八阵图"样式布列，且保存了大量明清古民居，是国内仅有、举世无双的古文化村落。

诸葛亮后裔按八卦布局建村

在浙江省中西部兰溪境内，有一个古老的村庄，因其布局而神奇，因其祖先而出名，它就是诸葛八卦村。

诸葛八卦村，原名高隆村，据说，这座古老的村庄是由诸葛亮的第二十七世孙诸葛大狮于元代中后期开始营建的。

村中建筑格局按"八阵图"样式布列，据历史记载，诸葛亮的第十四世孙诸葛利在浙江寿昌县任县令，死在寿昌。他是浙江

■诸葛亮（181—234），字孔明，号卧龙，今山东临沂市沂南县人，三国时期蜀汉丞相、杰出的政治家、军事家、发明家、文学家。诸葛亮为匡扶蜀汉政权，呕心沥血，鞠躬尽瘁，死而后已。其代表作有《前出师表》《后出师表》《诫子书》等。曾发明木牛流马等，并改造连弩，可一弩十矢俱发。

■ 诸葛八卦村的建筑群

诸葛氏的始祖。

　　诸葛利的儿子诸葛青于1018年迁居兰溪，诸葛青的一个儿子诸葛承载在兰溪传了10代，到诸葛大狮举家迁到高隆，原因是因原址局面狭窄，觅得地形独特的高隆岗，不惜以重金从王姓手中购得土地，以先祖诸葛亮九宫八卦阵布局营建村落。

　　从此诸葛亮后裔们便聚族于斯、瓜瓞绵延。到明代后半叶，已形成一个建筑独特、人口众多、规模庞大的村落。是诸葛亮后裔最大的聚居地。

　　诸葛八卦村是按九宫八卦设计布局的，整个村落以钟池为核心，一半水塘一半陆地，一阴一阳，两面各设一口水井，形成极具象征意义的鱼形太极图。

　　村内所有的建筑均环池而筑，按坎、艮、震、巽、离、坤、兑、乾八个方位排列，并由八条巷道向四周辐射，形成内八卦图案。更为神奇的是，村外还有8座小山环抱整个村落，构成外八卦。

九宫八卦阵 是三国时诸葛亮创设的一种阵法。相传诸葛亮御敌时以乱石堆成石阵，按遁甲分成休、生、伤、杜、景、死、惊、开八门，变化万端，可当十万精兵。古代练兵没有教材，只有教官言传身教。于是，诸葛亮便在部队屯驻的地方垒石为阵，以石代人，组成不同的阵形，让士兵根据垒石训练。

■迷宫似的街道

古村佳境

人杰地灵的千年古村

牛腿 有的地方又叫"马腿"，指悬臂梁桥或T型刚构桥的悬臂段与挂梁能够衔接的构造部分。它支承来自挂梁的静载与活载的垂直反力和制动力与摩阻力引起的水平力。由于牛腿的高度通常不到梁高的一半，加之角隅处还有应力集中现象，所以这一部分必须特别重视。

正是因为古村的如此布局，所以古村又被称为"中国第一奇村"。

该村庄不仅布局奇特，村中古民居也非常少见。

村内大部分住宅都是依据地形而造，分布在起伏的山坡上，从前到后逐渐升高，叫作"步步高"。住宅的门头，都是精美的以苏式雕砖门头为主要特色，有雕刻精致的牛腿、斗拱、月星等。在几乎所有的民居外门大门外都装有两扇矮门。

这些民居一般有两层楼，上面的楼通常只作储藏之用，一层房屋当中为天井，风水术士说：门厅有堂门，上房堂屋有太师壁，二者平面合成一个"昌"字，有利于发家。

前厅后堂楼建筑是前进为落地大厅，单层，以迎宾接待客人之用。后进有房有楼，为住室生活场所。大厅坐落在地上高敞宏阔，很有气派，大厅前有左右两厢和天井。前后可以穿通，三进房子的屋脊，从前到后一个比一个高，叫"连升三级"。

另外，村内很多民居大堂内天井照壁上写的"福"字也很特别，仔细观察，可以发现，这个"福"字的结构组合，左边偏旁为鹿，谐音"禄"字，右边偏旁为"鹤"，"鹤"代表长寿，而暗藏个"寿"字，鹿鹤相逢为"喜"，本字为"福"。也就是说，它蕴含着福、禄、寿、喜这4个字。

在古村内，还有一种奇特的现象是，窄巷中相对的两家人家门不相对，而是错着开，全村无一例外。当地人管这种做法叫"门不当，户不对"，是为了处理好邻里关系。

除此之外，八卦村的民居多为四合院式建筑，四面封闭，中留空间。而房屋的前沿比后沿高，每到下雨，几乎所有的雨水都聚集在自家院内，这种做法叫

太师壁 是我国古代建筑中常用的装饰手法。多用于南方住宅或一些公共建筑中，安于堂屋的后壁中央，上面雕刻或用棂条拼成各种花纹，或在板壁上悬挂字画。正中悬挂祖先像，两侧及后面均留有空间供人通行，壁前放几案、太师椅等家具，并因此称为太师壁。

我国第一奇村

诸葛八卦村

■诸葛八卦村

诸葛八卦村福字

"肥水不外流"。

八卦村布局结构清楚，厅堂、民居形制多、质量高，宗祠的规模宏大、结构独特，各种建筑的木雕、砖雕、石雕工艺精湛，建筑豪华，结构丰富。

虽然历经几百年岁月，人丁兴旺，屋子越盖越多，但是九宫八卦的总体布局一直不变。据说，这是中国第一座八卦布局的村庄。

整个村子就是一个巨大的文物馆，其"青砖、灰瓦、马头墙、肥梁、胖柱、小围房"的建筑风格，成为我国古村落、古民居的典范。

阅读链接

作为中国第一奇村，诸葛村还有三奇：

一是全村绝大多数村民都是1700多年前蜀国宰相诸葛亮的后代。换句话说，满村的人几乎全是姓诸葛，或是嫁到诸葛家的妇女，只有极少数不是诸葛家族的成员。据人口统计得出，这里的诸葛亮后代占所有的诸葛家族人数总量的四分之一。

二是它的布局精巧玄妙，从高空俯视，全村呈八卦形，房屋、街巷的分布走向恰好与历史上写的诸葛亮九宫八卦阵暗合。

三是这里完整保存了大量元明清三代的古建筑与文物。700多年来的朝代更替、社会动乱、战火纷飞，不知多少名楼古刹、园林台阁，或焚于战火，或毁于天灾，但这座大村庄却像个世外桃源，远离战火，避过天灾，躲过人祸。

八卦村内的明清古建筑

诸葛八卦村位于浙江省金华市兰溪市西部，此村始建于宋元时期，后代屡有续建、改造，至清康乾时盛极一时。

目前，全村保存明清古建筑200余间，散布于村中的小巷弄堂间，原汁原味，古风犹存。这其中，最具代表性的是村中的祠堂建筑。

据说，极盛时村中有各类祠堂18处，大多雕梁画栋，工艺精湛。现存大公堂、丞相祠堂是其中的佼佼者。

其中，大公堂位于村的中心，坐北朝南。前面有一个名为"钟池"的水塘，钟池有一道墙，正面是一幅大八卦图，

具有八卦特色的古街道

三顾茅庐 指在汉朝末年，天下大乱，曹操坐据朝廷，孙权拥兵东吴，汉宗室豫州牧刘备也想打出一块自己的天下，他听徐庶和司马徽说诸葛亮很有学识，又有才能，就和关羽、张飞带着礼物到南阳卧龙岗上去三请诸葛亮出山辅助自己的故事。

■八卦村内古建筑

背面是一个"福"字。大公堂位于钟池北侧，始建于明代，据说是江南地区仅存的诸葛亮纪念堂。

祠堂前后五进，建筑面积700平方米。里间十分开阔，可供数千人举行活动。大公堂建筑用材十分讲究，明间金柱腹部圆周2米以上，为典型的"肥梁胖柱"式建筑。细部雕刻十分精美，各种质料、各种雕刻技法一应俱全，堪称杰作。

堂内壁上绘有三顾茅庐、舌战群儒、草船借箭、白帝托孤等有关诸葛亮的故事壁画。堂外围墙旁现存六株龙柏，暗示诸葛后人六族繁衍，人丁兴旺。

门庭飞阁重檐，上悬一块横匾"敕旌尚义之门"。顶层有1439年，明英宗所赐盘龙圣旨立匾一方，表彰诸葛彦祥赈灾捐谷千余石的义举。门两旁分书斗大的"忠""武"两字。整座建筑古朴典雅，气势恢宏，保存完好。

■八卦村内古老的民居建筑

与大公堂相距百米处，是为纪念诸葛亮而修建的丞相祠堂。此祠堂面积1400平方米，坐东朝西，平面按"回"字形布局，有屋52间，由门厅、中庭、庑廊、钟鼓楼和享堂组成，古朴浑厚，气势非凡。

祠堂雕梁画栋，门窗栏杆等部件均雕刻精细，美不胜收。中庭是祠堂最精彩的部分，中间四根合抱大柱，选用上好的松、柏、桐、椿四种木料制成，取"松柏同春"之意，祈求家族世代兴旺。

中庭两边庑廊各七间，塑诸葛后裔中的杰出人士，用来激励诸葛子孙们奋发向上，成就一番事业。

从庑廊拾级而上，两旁分列钟、鼓二楼。祠堂最后是享堂，中间塑有诸葛亮塑像，高2米有余，两侧分侍诸葛瞻、诸葛尚及关兴、张苞像，气韵生动，呼之欲出。

除了上述二堂，八卦村内还保存着许多明清古建

诸葛瞻 字思远，今山东省沂南县人。三国时期蜀汉大臣，蜀汉丞相诸葛亮之子。诸葛瞻从小聪明颖慧，是一个早熟的人才。景耀六年，即263年，魏国将领邓艾伐蜀时，他与诸葛亮长子诸葛尚及蜀将张遵、李球、黄崇等人死守绵竹，后在与邓艾军交战时阵亡，绵竹也因此失守。

■ 高大洁白的房屋墙壁

丞相 古代官名。我国古代皇帝的股肱，典领百官，辅佐皇帝治理国政，无所不统。丞相制度，起源于战国。秦朝自秦武王开始，设左丞相、右丞相。明太祖朱元璋杀丞相胡惟庸后废除了丞相制度，同时还废除了中书省，大权均集中于皇帝，君主专制得到加强，皇权与相权的斗争以皇权胜利而告终。

筑，这些建筑包括钟池、天一堂、雍睦堂、农坊馆等，它们鳞次栉比，错落有致，仿佛颗颗璀璨的珍珠，散落于村中的每个角落。

八卦村的钟池位于村的中心，在大公堂正前面，面积2400平方米，它的边上是一块与它逆对称面积的陆地，村民用以晒场之用。

《易经》上说："东南为阳、西北为阴"，再加上"天圆地方"之说，空地和钟池正呈阴阳太极图形。陆地靠北和钟池靠南各有一水井，正是太极中的鱼眼。

钟池和空地四周全是房屋，形成了一个闭合的空间，沿塘周围是一圈路，塘的北岸西头是大公堂的院门，东西有一小花园，美人蕉的片片绿叶和红红的石榴花衬托着大公堂的影子不时倒映在钟池中。

钟池的南岸是一个陡坡，顺着陡坡而建的几幢大房子从北岸望去一幢比一幢高，加上前面贴水处还有一溜小平房，跌宕起伏，轮廓线大起大落，景象峭拔而优美。

从钟池的正门边向东而去的一条十分幽深的巷子，一层层的台阶上坡，左侧是绿荫如盖的园子，右侧是一排排住宅的后墙，这条巷子是通往村中十八厅堂之一积庆堂的。

钟池东面的巷子很平直，二侧密排着木披檐的门罩，几家苏式磨砖门面特别精致，巷子尽头向右转弯就是丞相祠堂的侧门。

南面上坡的弄堂拾级而上之后是下坡石阶，此巷内又有多条窄弄相连。八条小巷似通却闭，似连却断，虚虚实实，犹如一张蜘蛛网，又宛如一座迷宫。

古村内的天一堂创建于清同治年间，距今140多年，创始人诸葛棠斋是诸葛亮第四十七代后裔。他生于1844年，原是儒士，国学生，钦加五品衔。后弃儒

国学生 又称国子生，指在国子监肄业的学生，一般为官员子弟。所以说国学生亦即太学生，但多指官员子弟的太学生。太学生是指在太学读书的生员，亦是最高级的生员。明清时太学即国子监的俗称。国子监是古代最高学府与教育行政管理机构。

■八卦村内一角

斗拱 亦作"斗栱",我国建筑特有的一种结构。在立柱和横梁交接处,从柱顶上的一层层探出呈弓形的承重结构叫拱,拱与拱之间垫的方形木块叫斗。两者合称斗拱。也作枓拱、枓栱。由斗、拱、翘、昂、升组成。斗拱是我国建筑学会的会徽。

辞官经商,致力于药业经营。

村内天一堂大部分建筑已毁。但天一堂的后花园保存完好。花园建在诸葛村最高点大柏树下,亭子和回廊保存至今,站在亭子里能看见诸葛村的全貌,亭园中有几百年树龄的松柏、杜仲、银杏,还种植几百种药材供人观赏。参天的常青树,四季不凋的花草。

有竹、有松、有蕉、有萝、有兰、有假山、有小桥、有流水,云烟轻绕,禽鸟和鸣,还养有梅花鹿。有蛇池、鱼池等,是一个中药活标本园。

诸葛村原有3个药店,小病不看医,购药不出村,伤风咳嗽妇妪皆知用药。寿春堂就是其中之一,寿春堂购物柜中中药材琳琅满目,有祖传秘方配制的药酒配料和八卦茶,各种保健药材,应有尽有。

村内现存的"寿春堂"药店,是经过重新整修的,堂正中间堂楣有一古匾,上书"寿春堂"3个大

■ 村内带有八卦图案的影壁墙

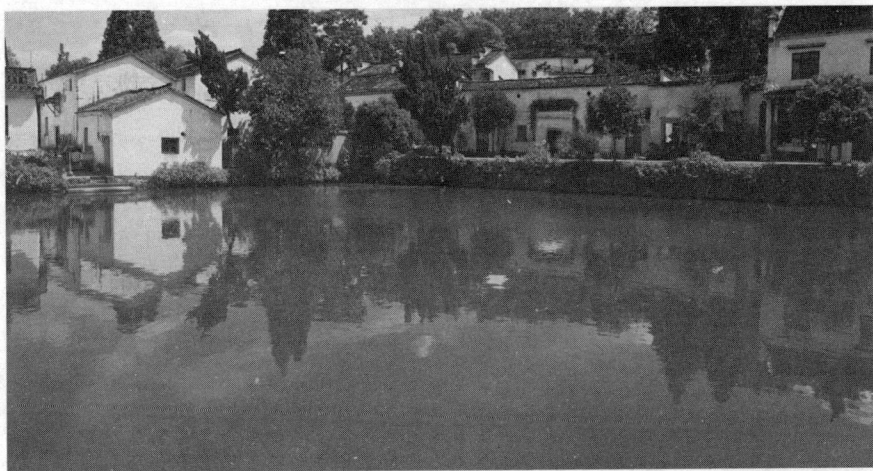

字，两旁金柱上有一副很有寓意的对联：

> 但愿世上人无病；
> 何愁架上药生尘。

　　古村内的雍睦堂建于明正德年间，是仲分宗良公享祀厅堂，门面以苏式砖雕装饰，精美而华丽。中央部分突出于两侧檐口之上，呈三楼式，檐下有砖的小斗拱，枋上有"亚"字纹，上方的竖匾刻有"进士"两字。

　　两侧的墙全是平整的素面，烘托出中央的富丽精细和轮廓跳动。顶上有一葫芦，上插方天画戟，使得整个门面显得有节制、有层次也相当明快。气势雄伟而壮观。

　　雍睦堂共三进，门前有一小广场。左边有一侧屋，右边隔一小弄是保存很好的楼上厅宅。

　　清嘉庆年间仲分进士梦岩公倡首大修一次，后几

方天画戟 是古代兵器名称，因其戟杆上加彩绘装饰，又称画杆方天戟，是顶端作"井"字形的长戟。历史上，方天画戟通常是一种仪设之物，较少用于实战，不过并非不能用于实战，只是它对使用者的要求极高。方天画戟属于重兵器，和矛、枪等轻兵器不同。

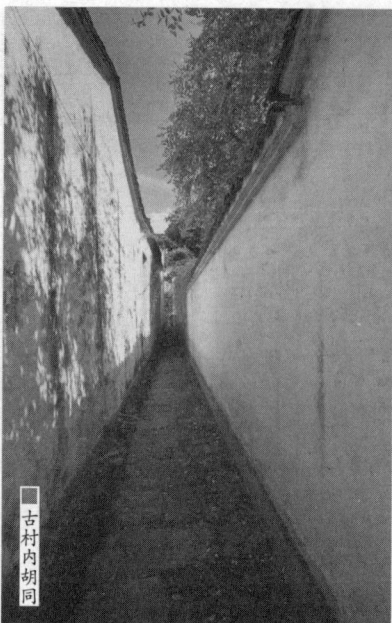
古村内胡同

古村佳境

人杰地灵的千年古村

经重修现予以恢复。

除了天一堂、寿春堂和雍睦堂之外，在八卦村内，还有一处体现民俗文化的农坊馆，里面有作板、古老的织布机、碾坊、碾盘、油坊、炒锅、小手磨等。

另外，在古村内，还有崇信堂、明德堂、乡会两魁等建筑群。其中，代表诸葛家族世代荣耀的乡会两魁在村内最宽大的一条小路边，门匾上方写着"乡会两魁"几个大字。

村落景观多样而优美，即有鳞次栉比的古建筑群，专家学者们称其为"江南传统古村落、古民居典范"。是目前全国保护得最好，群体最大，形制最齐，文化内涵很深厚的一个古村落。

1996年，诸葛八卦村被国务院列为全国重点文物保护单位。

阅读链接

据说，创建古村内天一堂的诸葛棠斋先生精于鉴别药材，善于经营管理，习药经商恪守"道地药材""货真价实""童叟无欺"，以"敬业""为民"为办店宗旨，十分重视本店声誉与商业道德。

如"天一堂"精制的全鹿丸，"天一堂"监制的"诸葛行军散""卧龙丹"皆按古方配料精制而成，疗效显著，为家藏必备良药。

诸葛棠斋也成为当时浙江药业界的佼佼者。《诸葛氏宗谱》这样记载他："吾乡商宗，声华并茂……"。